U0065268

學會
乾坤國寶
這本最容易
黃恆堉、李羽宸◎著

善用風水為人生加分

敬愛的讀者好。

此書是筆者的第六本陽宅實務書籍，依據各派學理進行探討，其各有所不同，但以研究的角度分析，那種學派最好，最準，最實用，抱歉我無法回答你，因為坊間學派眾多，每派都有憑有據且都能講出很好的原理及實證，當然學有所長，無分好壞更無對錯，純依各人所需不足為奇。

風水學就因為學派眾多，說法不一，所以督促自已想盡辦法學習各學派來進行統計及比較，在完成此書之後，發覺本派雖有些不同論調，但大原則還是跟其它派系有一些相同之處，於是就將本書的一些看法規劃整理出來，完成此書。讓本派的方便性、及優點能夠一目了然，並提供想瞭解此書內容的讀者，能快速學會本派的實際用法。

本書共整理了兩種風水學派，一是【金鎖玉關】又名【過路陰陽】。一是【乾坤國寶】又名【龍門八局】。剛接觸時會覺得深奧，但我個人喜歡把複雜的東西簡單化，讓人一看就懂不需強行記憶，若再記不起來，可用查尋的方式學習，便能快速找到答案，進而提升學習興趣。於是綜合這兩派歷經兩年的整理，變得非常簡單且實用，讓您在論斷房子或陰宅好壞吉凶時，本書絕對是一本非常好的工具用書。

【本書共分十五大章一百一十小節】

第一章：目前大陸老師在論斷陰陽宅，最重視且運用最廣的派別叫金鎖玉關，〈又稱過路陰陽〉，因為本派的論點即是依據陰陽理論，以1、2、3、4論有砂好，有水壞。6、7、8、9論有水好，有砂壞。看似簡單八個數字其中隱藏八卦陰陽變化，正符合易經的原理，據長時間印證結果，是屬務實的學派，一下子就可直接論斷風水好壞，真的很棒，況且金鎖玉關資料在台灣書籍中相對很難找到，倘若您想從中得到更實更廣的專業知識，此書值得深入研究及收藏。

第二章以後就開始談：正三元水法有哪些是得先後天水（路），哪些是敗財水（路），意外水（路），坊間乾坤國寶（龍門八局）的書寫的都不錯，但就是詮釋得有點複雜，於是我就將看似很深的理論架構，完全用圖解方式編寫，讓您三分鐘之內就可用本書的圖解來判斷一間房子或一處陰宅有無得水局、或有無敗水局，是好地理或是不好的地理，如果是不好的風水地理，要如何來開運制煞呢？當然本書也有提到如何來改變風水，提供給讀者參考。

在坊間編寫乾坤國寶的書，大概找不到如此簡單易懂的，所說的龍門八局到底是在談甚麼，在印證甚麼，請看目錄第二章～第十四章就可完全明瞭。

最後一章；診斷流程範例；就是引導讀者如何運用龍門八局水法印證，診斷一間公司，工廠或房子或陰宅，有無得水局或敗財局，以及要如何來規劃佈局房子，讓我們生活更美滿快樂，每一個步驟都能夠讓您看得懂且運用自如，這才叫好工具，希望您能以花最少代價，得到最大的收穫。

人的命運並非只靠風水一項就能改變，但如果能善用風水來為我們人生過程加分，那就很值得，咱們一定聽過：一命、二運、三風水、四積德、五讀書。由這五大因素就足以證明風水排在第三項，所以風水調理好，對命運一定會加分不少，您說對嗎？希望您也能夠運用風水來為您的人生加分。

祝各位有緣人，一切順利平安，心存感恩，謝謝您。

台中市五術教育協會創會理事長 **黃恆堉**
甲午年於吉祥坊易經開運中心
網址：www.abab.com.tw
電話：04-24521393

運用風水趨吉避凶

風水術語曰：「羅經差一線，富貴不相看；分金差一度，大羅神仙無法度。」其涵義寬廣艱深，主要意思就是，當命主受制於陰陽宅風水地理不佳的時候，能夠適時找到一位好的地理「明師」，幫助主人家解決陰陽宅的任何問題，讓您住得安心，過得如意。

「乾坤國寶」又稱為「龍門八局」或「正三元地理」，源溯於唐朝時期，最具代表的人物為楊筠松，後世人稱之為楊救貧。此派學說特別注重「水路」的來去方位，以及外在形煞的剋合關係。根據易經河圖洛書對於先後天八卦的演繹，明確了解何處來水為吉，去水為凶。據此，筆者特別將「乾坤國寶龍門八大局」各種坐山立向與水局的交會實際情況，一一以簡單易懂的圖表解釋說明，此書不僅能成為命理風水師進階者的工具書，更能提供初學者，真正開始認識風水，了解風水。

風水地理的研究，有兩大領域：一曰「巒頭」，乃論地理的形勢，即龍穴砂水；二曰理氣，乃論天星方位之吉凶。龍即山脈，山脈起伏不一，盤旋錯綜，有時高聳雲端，有時低於平岡，有時落於平洋，如神龍般變化莫測，神龍見首不見尾，故以「龍」代表山脈。故曰「龍脈」者，意指山脈的形勢及隱藏的地氣。

崑崙山脈為中國山脈之祖，由帕米爾高原，東行於新疆、西藏之間，再入青海之中部支脈，分布中國北、東、南全境。台灣屬於南龍山脈，由崑崙經青海、西康、雲南、貴州、廣西、廣東、湖南、江西，到大庾嶺至福建武夷山脈，再落入台灣海峽到澎湖、台灣至玉山山頂而成為台灣的祖宗山。山龍東線至花蓮、台東；南線至高雄、屏東；西線至雲林、嘉義、台南；西北線至台中、彰化、南投；北脈蜿蜒於合歡山之間，再西經苗栗、新竹；東北行至宜蘭；北經屋來，左行至桃園縣、台北縣，再右行經新店而至台北市，其間群山羅列，河水繚抱，二水交流出口處之觀音山，高聳雲霄。

地理生成於大自然的造化，其真訣盡在河圖洛書。「乾坤國寶」與「金鎖玉關」之水法乃順於天道，合於山川，為天機秘傳陰陽之法，正所謂「孤陰不生，獨陽不長」，其訣旨在趨吉避凶，造福人群。

「山管人丁，水管財」，尤其水在風水地理中占了非常重要的地位。古云：「風水之法，得水為上，藏風次之。」三元乾坤國寶特別注重水局，可來水者有先天水、後天水、輔卦水、地刑水、賓客水；可去水者有天劫水、案劫水、賓客水、正竅位；來水與去水皆不可者有正曜位、天曜位、地曜位。

「古今來許多世家，無非積德；天地間第一等人，還是讀書。」古往今來若能尋求「善功」，量能趨吉避凶，福上加福，是謂「善念若力行，有求必有應，功能回造化，力可挽天庭，貧賤轉富貴，患難得救星，長壽如松柏，養子獲麒麟，若能永持續，功德更非輕，常施陰功者，天神必感應。」命運好的時候，若能積德行善，則必定可以錦上添花，嘉惠後世子孫；命運不好的時候，若能積德行善，亦可減輕甚或化險其凶災。

所謂：「入門三相，便知其家。」陸陸續續「陽宅系列」書籍付梓，包括「十分鐘學會看懂陽宅風水」、「形家陽宅」、「陽宅口訣」、「八宅明鏡」、「紫白飛星」、「乾坤國寶」、「三元玄空」、「羅盤運用」等，旨在導正一般人對於陽宅正確的認知，祈使每位讀者都能夠深得其用，自助而助人。最後謹以《中國五術教育協會》三尊保護神：謙虛、尊重、禮讓，與大家共勉，祝福大家、謝謝大家，感恩！感恩！再感恩！

高雄市五術教育協會理事長　李羽宸

甲午年仲春謹序於吉謙坊命理開運中心

網址：www.3478.com.tw

電話：0930-867707

第一章 大陸最夯的陽宅直斷法《金鎖玉關》

第二章 三元乾坤國寶概念

第三章 各坐、向陽宅實務吉凶論斷

第四章 陽宅開門實務之吉凶論斷

第五章　龍門八局典型好格局《先後天水得位局》

第六章　龍門八局庫池水位吉凶論斷

第七章　八曜煞吉凶論斷解説

第八章　龍門八局三劫位吉凶論斷

第九章 龍門八局賓客水位吉凶論斷

第十章 龍門八局輔卦水位吉凶論斷

第十一章 龍門八局最差之宅屋

第十二章 龍門八局凶惡水、意外血光水

第十三章 龍門八局凶惡水法、桃花水

第十四章　龍門八局各種水法綜合圖表

第十五章　實際範例：運用乾坤國寶來進行陽宅診斷與規劃

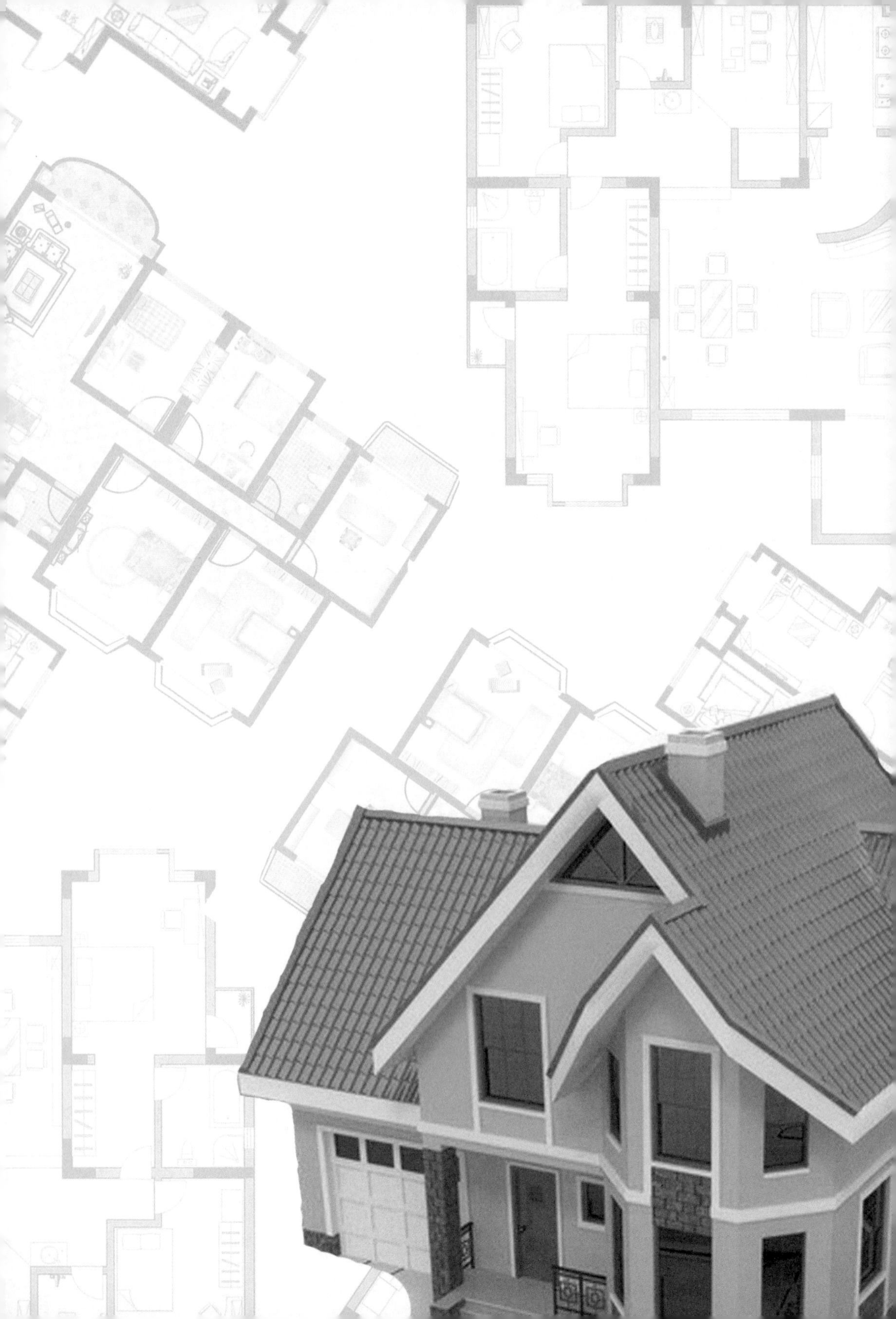

第一章
大陸最夯的陽宅直斷法《金鎖玉關》

金鎖玉關又名「過路陰陽」，這是一套好學又好用的風水學。筆者經年苦心跟隨眾多老師學習各門各派風水學，深覺金鎖玉關（過路陰陽）簡單易學，斷事奇準，甚至沒有任何一派風水學能超越它，因而迅速風靡海峽兩岸，並且掀起了學習地理風水學的熱潮。

筆者在此特別將這門風水學，藉由本書同樣注重水法與砂法的「龍門八局乾坤國寶」的付梓，供讀者們參考：

一、金鎖玉關（過路陰陽）風水學「二十四山，水法與砂法斷訣」，是以羅盤在建築內部的中心點位置進行測量，不論陰陽宅，皆能依「水或砂」的位置，直接依口訣下斷語。筆者為了方便讀者利於學習，口訣當中均有圖檔解釋意義呈現，依照如此分類細斷的方法來勘察風水，不但快速，而且容易了解，方便又準確，想要出錯都很難。

二、以「水或砂」配合「二十四山向」編成口訣（秘竅斷）的形式來學習，讀者只要記住了這些斷語口訣，就能斷人斷事，輕鬆易學，簡單方便。

三、以先後天八卦的方位來判斷各「房份與人物」在風水上的影響：

老父↓先天在南方，後天在西北；長房↓先天在東北方，後天在東方；

二房↓先天在西方，後天在北方；三房↓先天在西北方，後天在東北；

老母↓先天在北方，後天在西南；長女↓先天在西南方，後天在東南；

中女↓先天在東方，後天在南方；少女↓先天在東南方，後天在西方。

四、以「二十四山向」的天干地支來確定陽宅的吉凶，據此「金鎖玉關（過路陰陽）風水學」，只要記住斷語，明白各「房份與人物」的代表，分清「水」與「砂」，論斷的準確性就會有七、八成以上了。

第一節

坎方有【水】家中可能無男或傷亡，有【山】則可致富或升官

坎卦總訣：

【坎水】臨宅中男消，夫妻難融定居孀→【凶】

【坎砂】臨宅富貴長，財丁兩旺事業揚→【吉】

1、一白坎（北方）壬、子、癸，水法斷語如下：

口訣：

壬水沒兒郎，先絕是二房；形如一箭去，小口命難長；

形如葫蘆樣，亦主腰脘傷；四季澄清蓄，尤主淋卵囊。

子水一條溝，流去不回頭；無子身逃外，凶死一筆勾；

形如裹棠袋，婦女把命休。

癸水婦不育，常為夫羞辱；亦主黃鶴怨，孤燈獨伴宿；
形若不齊正，猶被小姑逐；形若一條槍，毒死夫常哭。
一白是汪洋，流若通兩旁；流乾老父乖，流艮俊兒郎；
聰明怕自誤，身體算不強；流若通巽位，絕世長二房；
形如七椏叉，財產不綿長。

釋義：

(1)、壬山有水，會出現中男貧困且易有損兒的現象，倘若有兒子，則易傷殘死亡，水形如箭一樣朝宅而來，此現象更驗。若水形如葫蘆狀，則中男腰、腿易有傷或是身體欠佳，有帶病延年之象。此山長年水質清澈停滯，中男易有免疫系統之疾，嚴重者會有性病或腎衰竭，而且貧困無依。

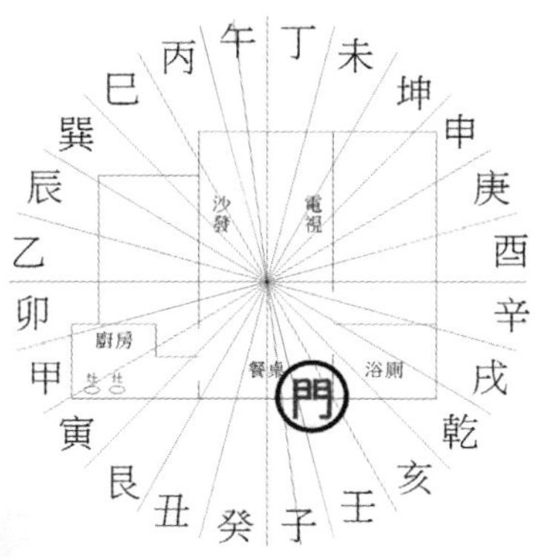

壬山有水

(2)、子山有一條水溝直沖去水而出，中男會有貧困、無妻、無子的現象，且易有突發之難或刭死異鄉。若水形如盛滿的水袋一般，則中男妻主應身體不佳，嚴重者會有奪命之危。

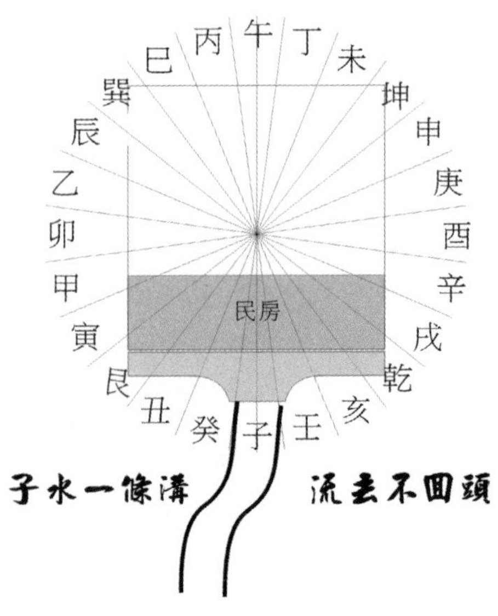

(3)、癸山有水，中男妻患有不孕之症，夫妻之間時有爭吵，導致關係形同水火。宅中之人易染黃疸病，而丈夫亦經常不在家，妻子猶如深宮怨婦一般。此方若水形不齊正，則妻子與姑姐關係必不佳，且會時常出言不遜。更甚者水形如槍形狀，會出現服毒或爭吵中意外傷亡，丈夫因此後悔不已而悲慟萬分。

癸水婦不育
常爲夫羞辱

(4)、一白北方也，若水聚於此面積大。大部分流於西北方，主應老父名聲揚；若大部分流於東北方，則三房富貴綿長。坎方水聚於此，生出的孩子會很聰明，惟會有身體狀況不佳，因而耽誤學業。坎水流通東南方，主應二房多夭兒而無子嗣，流通之處水形不齊正，縱使發財致富也難以久長。

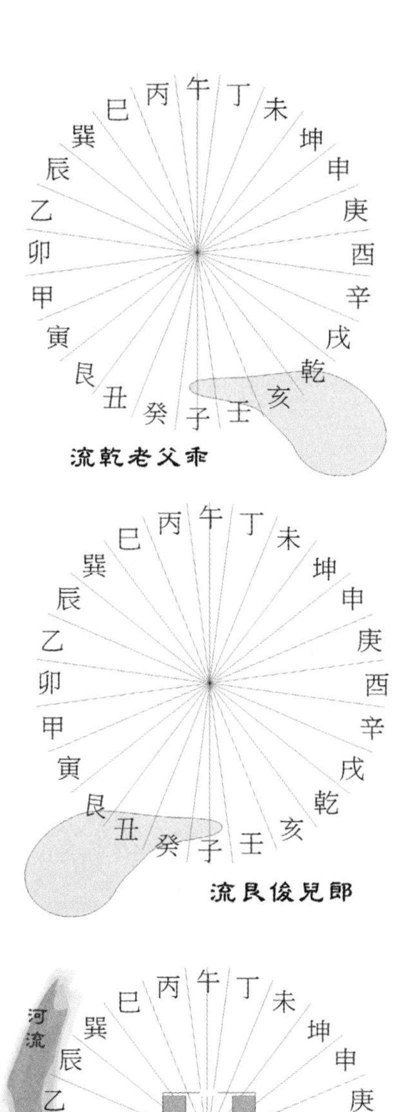

流乾老父乖

流艮俊兒郎

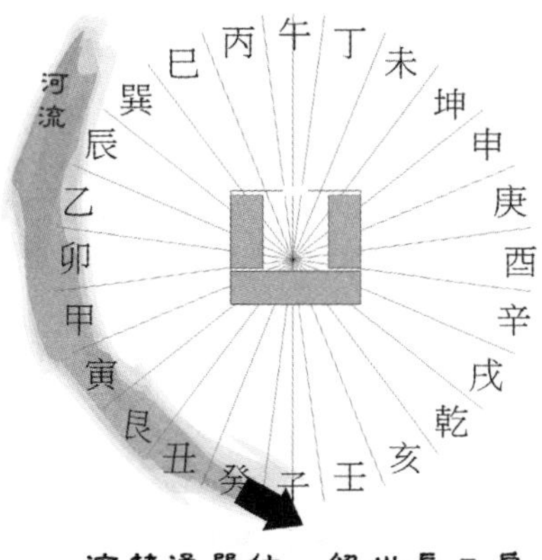

流若通巽位　絕世長二房

2、一白坎（北方）壬、子、癸，砂法斷語如下：

口訣：

壬砂發武貴，秀峰高大位；出入佳備有，大名振海內；再得丙水照，兒孫以文會。

子砂定發富，家有金錢庫；形若兼破軍，興家是寡婦；遠近午水照，醜名亦不顧。

癸砂女當家，發在上元花；不問男和漢，懼內定數他；
遠近丁水秀，丁財足可誇；形若葫蘆樣，矮郎要怕她。
一白砂兼有，形要梭子樣；不問陰陽宅，曲抱在其中；
立向宜留意，不要逼壓宮；隔溪並隔水，見之不為凶；
形如中然斷，名為寒透風；丁損財亦耗，定主不豐隆；
若無離水照，孤苦不貧窮。

釋義：

(1)、壬山有砂會出武官，山峰形圓平正，秀麗端莊，則後代的官位層級愈高，聲譽遠傳。若丙方有水相對應，則後代子孫的學習能力非常好。

壬砂發武貴　　秀峰高大位

(2)、子山有砂容易發財致富，家中猶如一大金庫。但若是砂形不美且呈現崩裂狀，表示家中女人能幹掌權，牝雞司晨，但是易出寡婦。午方若有水相對應，女人會有水性楊花、三姑六婆之應。

(3)、癸山有砂表示婦女能幹，當家掌權，代代都能夠發財致富。宅中男子無論身形如何健壯魁梧，定當以妻為尊，怕老婆也！若有丁水相對應，則財丁兩旺人人誇。癸山砂形如葫蘆樣，家中男人個子肯定長的不高，且懼內無疑，惟妻命是從。

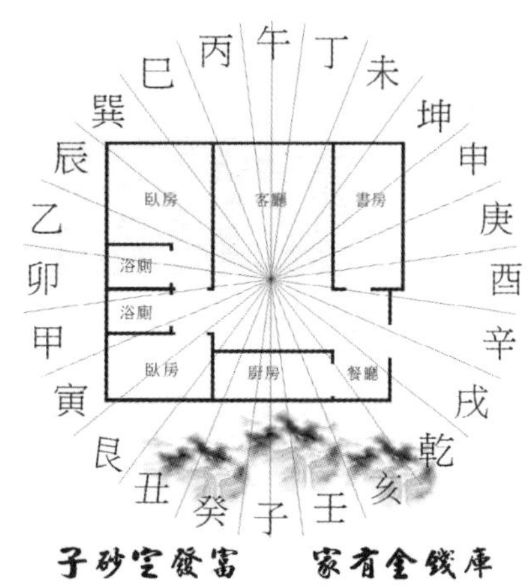

子砂宅發富　家有金錢庫

癸砂女當家　發在上元花

⑷、一白北方也，有砂如「凸」形狀（中間高兩邊低），無論陰陽宅只要是環抱有情，都是屬於好的風水寶地，只要此砂不要離穴口太近，就算是穴位後面隔著溪水，二房亦必發富貴無疑。北方砂形有穿破，如天斬煞中間有斷，則稱為「寒透風」，於此若南方沒有水來相對應，則財丁兩敗，會有孤獨之應，但生活上還是不虞匱乏。

午 丁 未 坤 申 庚 酉 辛 戌 乾 亥 壬 子 癸 丑 艮 寅 甲 卯 乙 辰 巽 巳 丙

形如中然断　名為寒透風

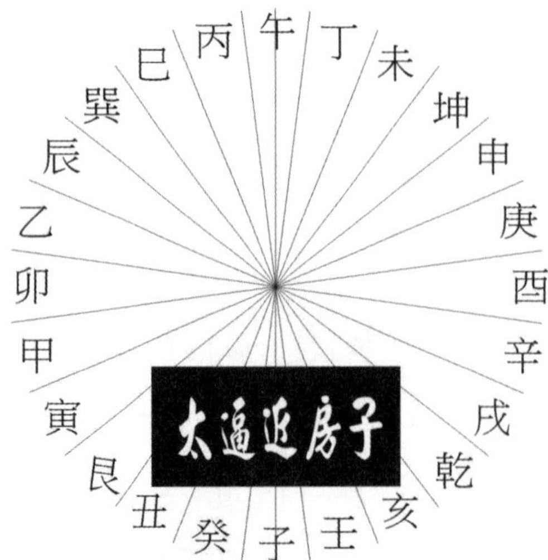

立向要留意　不要逼壓官

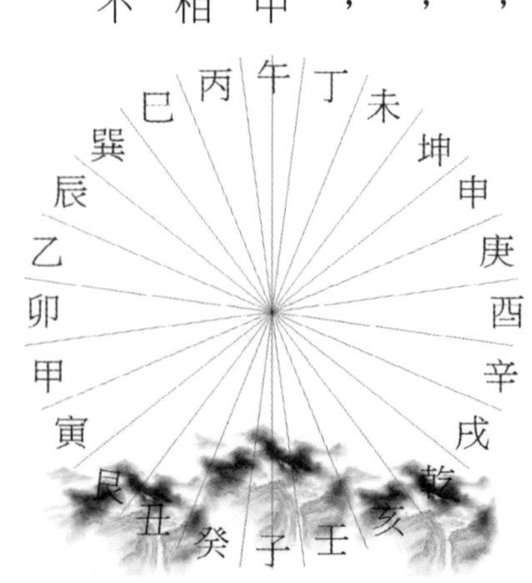

一白砂兼有　形要椄子樣

第二節

坤方有【水】會被盜及短命，有【山】則有意外之財且婦女能幹

坤卦總訣：

【坤水】臨宅盜賊侵，意外血光處處臨→【凶】

【坤砂】臨宅好風水，福蔭綿長財富堆→【吉】

1、二黑坤（西南方）未、坤、申，水法斷語如下：

口訣：

未水出盜賊，事犯產沒收；形若斜飛去，戰場尋屍骨。

坤水傷妻房，賢婦不久長；形若破軍樣，定主脹病亡。

申水傷小女，亦主客路亡；形如團圓聚，定主是飛娘。

二黑水當先，巫婆小姑仙；流神通丙午，兒郎死父前；

水龍入兑位，陰邪一處眠；形如三叉口，飛刃婦身邊。

釋義：

(1)、未山有水，會出現錢財被盜或是家中有盜竊之人，表示家中經濟狀況不錯，但是財產有被查處沒收的危機。此山若有水局形成45度斜飛而出，則宅中之人當兵時要特別小心，會惹上殺身之禍。

(2)、坤山有水，表示妻子賢淑黠慧，但會有帶病延年或是短命之象。反之，心性淫亂惡毒之人，卻仍可存活著。坤方水形殘破不齊，則宅中之人易患有腫瘤之症，嚴重者會有喪命的危機。

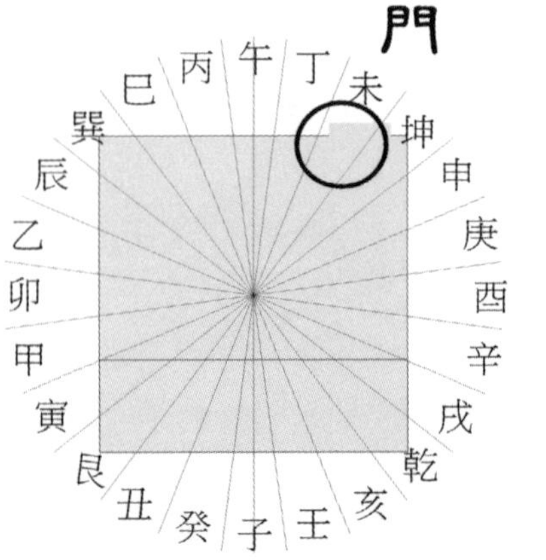

門開未山，小男孩輟學

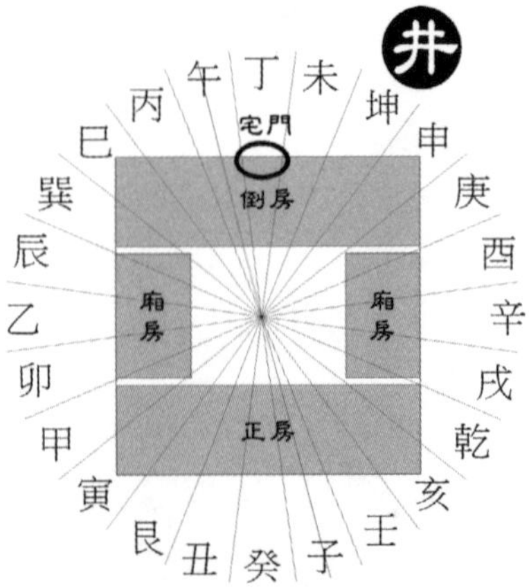

坤水傷妻房　賢婦不久長

(3)、申山有水，會傷到三房的女兒或是年齡三十歲以下或是未婚女，容易逢意外事故而身亡。申方有水如圓形狀，主應女孩早戀，水性楊花之性。

申水水長流，小女有病傷

(4)、二黑西南方也，此方全是水，家中易出仙姑、靈媒之人，若水局流通南方丙午山，則二房必有餘殃。坤水流通西方，家中易鬧鬼，水形若呈三岔狀，宅中婦女災厄難免，且女人特別有持械傍身，暴力的傾向。

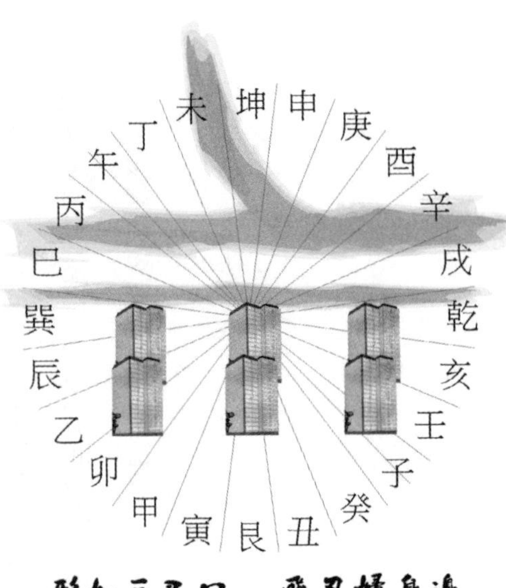

形如三叉口　飛及婦身邊

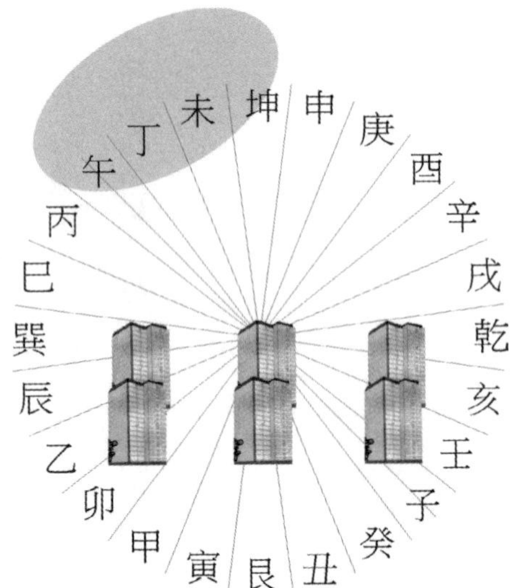

流神通丙午　兒郎死父前

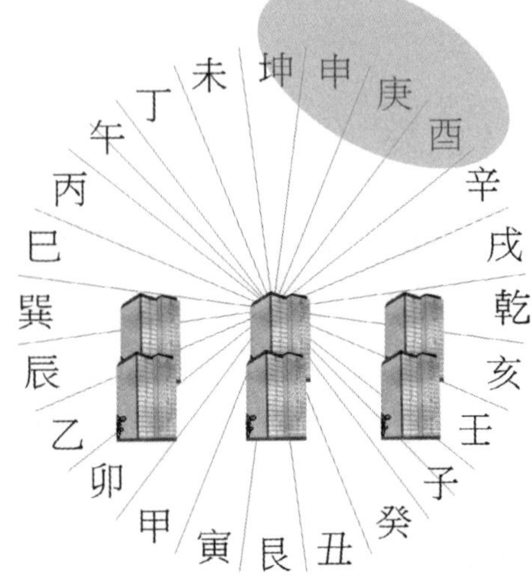

水龍入兑位　陰邪一處眠

2、二黑坤（西南方）未、坤、申，砂法斷語如下：

口訣：

未砂能發財，行為不正來；軍賦與土匪，名臭通六街；
形若名夕秀，丑水照當懷；也可置田莊，農家樂和諧。
坤砂疊疊起，真是上元花；婦女持家政，把酒話桑麻；
女兒個個俊，發福慶萬年；若得艮水照，血財發無涯；
不許形破軍，七權與飛斜。
申砂女兒美，圓面與長腿；形若兼秀起，勤能通義理；
若與寅水照，丹青畫優美。
二黑砂完全，金城一照眠；上中丁財盛，家富積銀錢；
如得艮水照，福壽又雙全；局大官清正，內助有名賢。

釋義：

(1)、未山有砂可以發財致富，但卻是屬於不正當手段的掠取，忝不知恥而臭名遠揚。若「丑」方有水局，如夕陽般的圓形狀，亦可廣置田產，起居安康，庭內幸福美滿。

(2)、坤山有砂，一山高了一山高，乃是好風水之所在，亦主婦女當家掌權，能力過人，把酒言歡，生活愜意，個個女子猶如天人之姿，如此好風水定能發富久遠。若再得「艮」方有水來相對應，只要水局形圓秀麗，則財利更豐，最忌水局殘破不堪，此為發凶的格局。

午 丁 未 坤 申 庚 酉 辛 戌 乾 亥 壬 子 癸 丑 艮 寅 甲 卯 乙 辰 巽 巳 丙
臥房 客廳 浴廁 浴廁 臥房 廚房 餐廳

未砂能發財 行為不正來

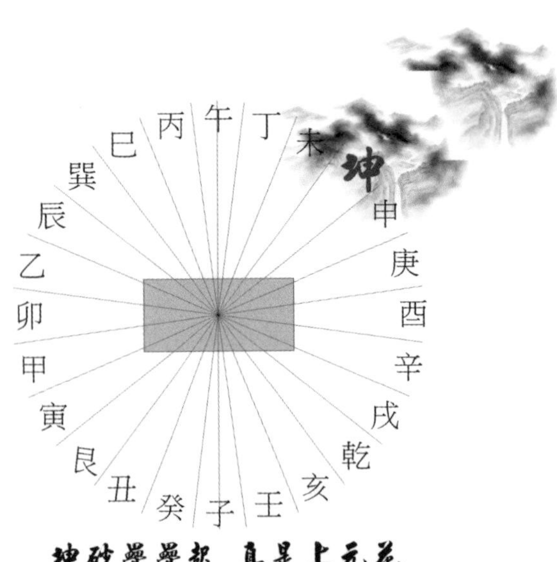

坤砂疊疊起 真是上元花

(3)、申山有砂表示女人長的漂亮，豔如桃李，砂形又形麗秀美，女人宜室宜家，通情達理。若再遇「寅」方有水相對應，宅中會出書法家、畫家等才德雙美之人。

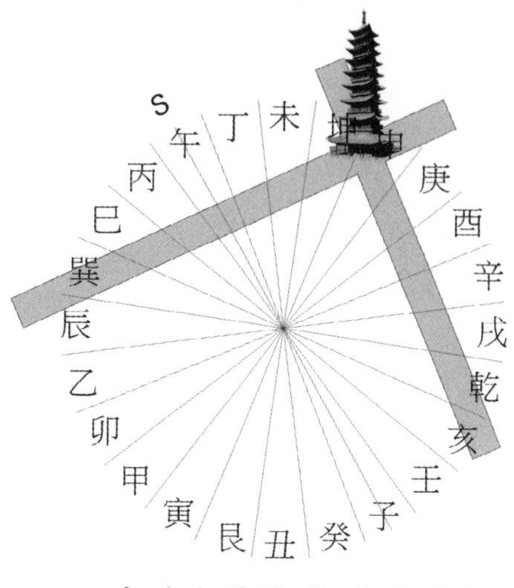

申砂女兒美 勤能通義理

(4)、二黑西南方也，有砂主應財丁兩旺，家庭和樂，衣祿豐足，財帛廣進，尤其在上元運與中元運更驗。若得「艮」方水來相對應，則福壽雙全，為官清廉，一介不取，且得賢內之助，在當地名譽佳評，獲人仰重。

二黑砂完全，金城一照眼

第三節 震方有【水】長房沒兒子且犯桃花，有【山】則易出能幹的讀書人

震卦總訣：

【震水】臨宅貧病陪，長房多死少年人↓【凶】

【震砂】臨宅旺文昌，長房中房富貴祥↓【吉】

1、三碧震（東方）甲、卯、乙，水法斷語如下：

口訣：

甲水主貧窮，長房不興隆；形若斜飛去，定主長絕宗；

黃腫大等脹，都應長房宮。

卯水屬同人，先富小財神；家物他人有，伯道在本身；

形如方深聚，近時對城門；暫可不言凶，終究假與真。

乙水曲曲鈎，叔嫂暗相偷；形如破軍樣，肝瘋病不休；
臨卦主運亂，財富不到頭。
三碧溝塘坡，其家定遭破；流神通巽地，宮飛依次過；
艮水若交滙，兄弟時目怒。

釋義：

(1)、甲山有水，會導致家境貧寒，尤其是長房更加明顯。又若水如斜飛而出，主應長房多夭兒，如果有兒子會更窮，要是有錢有兒子，父子有早亡現象，此宅久居會有浮腫、肝膽之疾，而且都以長房為應。

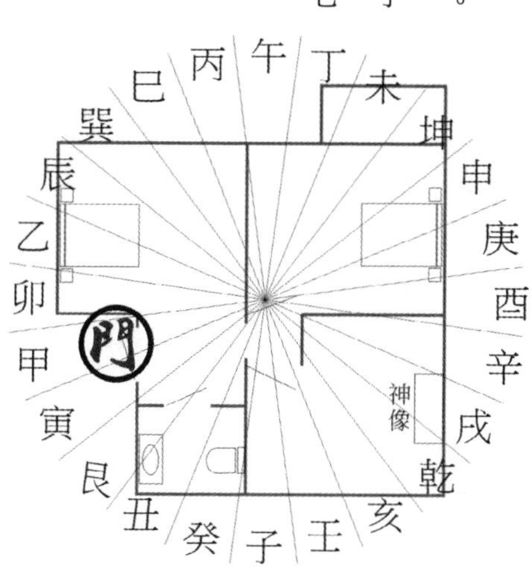

甲水主貧窮　長房不興隆

(2)、卯山有水，屬於桃花之應，家中小富，但會有領養孩子的現象或是家產留於叔伯的兒子。倘若「卯」方有方形水池或在此開門，這樣的環境暫時會富裕，不會發凶，但時間久了也會因為桃花而無端招惹是非。

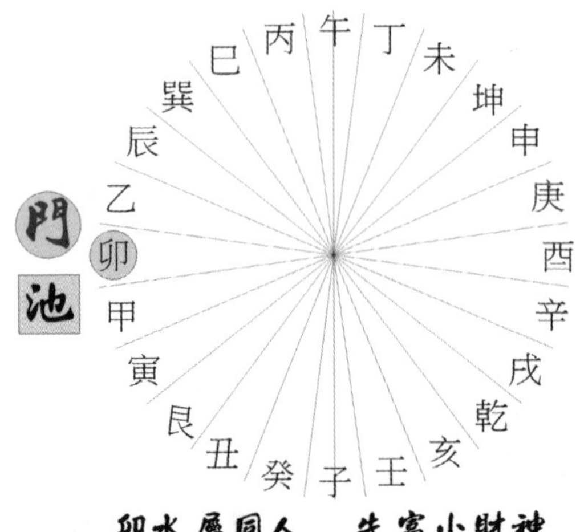

卯水屬同人　先富小財神

(3)、乙山有水，家中必出淫亂之人，若水形不齊，雜亂無序，長房易患肝膽之疾。流年逢「辛、乙」，為財來財去，入不敷出之運。

乙水曲曲鉤　淑嫂暗相偷

(4)、三碧東方也，此方若有水，長男必定破財，就算發富也不長久。水神流到東南方，長房的媳婦是再婚或是行為不正之人，否則必有傷病在身，抑或「長男」與有夫之婦有姦情。「震水」與「艮水」若相連，兄弟之間彼此不合，扞格不入。

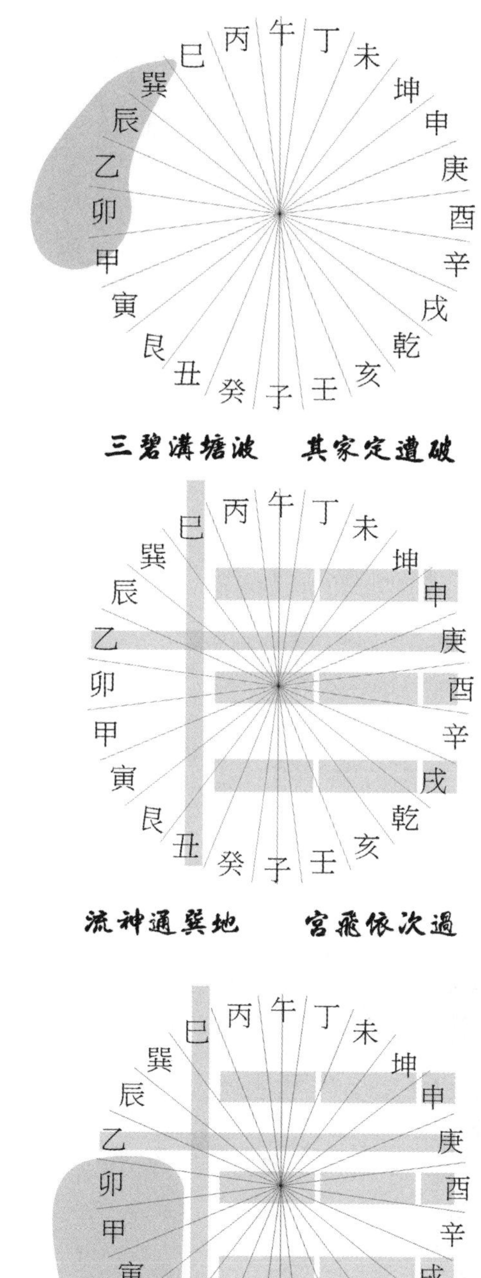

三碧溝塘波　其家定遭破

流神通巽地　宮飛依次過

艮水若交滙　兄弟時目怒

2、三碧震（東方）甲、卯、乙，砂法斷語如下：

口訣：

一馬不斷甲龍宮，上中時勢大吉風；若得庚酉波浪起，
管教順利運不窮；若在湖中連天湧，定是交鵝影雁中。

卯砂能致富，血財發無涯；長子風四海，性好采野花；
形若幾案拱，威名振三通；形如雞爪樣，軍賊產其家；
若照單酉水，多生女娃娃。
乙砂發文章，幾個讀書郎；形勢朝篇起，為官名振揚；
形如笏筆樣，翰墨字亦香；若遇辛水照，尤主內賢良。
三碧全體砂，文武共興家；若配乾兌水，上中一鮮花；
形要貪狼樣，人秀分外嘉。

釋義：

⑴、震山東方盡是砂，在上元運與中元運之時，為大吉大利的好風水。若得兌宮「庚山、酉山」有水，則百事吉昌，事事如意。而水勢浩淼，定主宅內之人必有頂尖，出類拔萃之人。

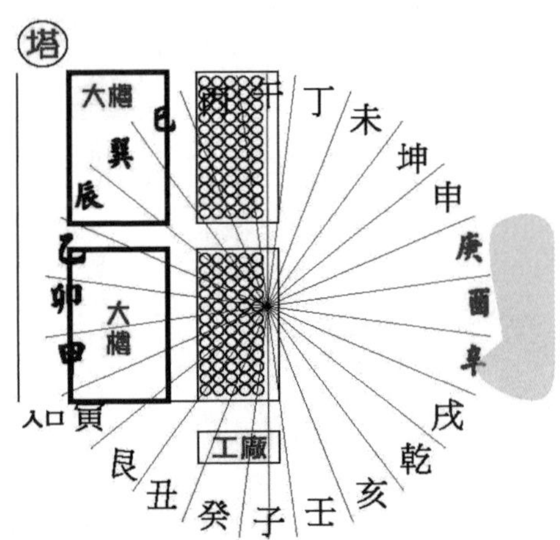

三碧全體砂，文武共興家名

⑵、卯山有砂可以容易發財致富，但是要小心會有意外血光之災，長子為好色之徒，荒淫無度之人。砂形如茶几般呈現拱形狀（如土行山或金行山），老大名聲遠揚，倘若砂形不美如雞爪似的，家中則易出盜賊漢。若再得相沖的「酉」水來相對應，則生女多生男少，或是先生女後生男。

⑶、乙山有砂，家中會有學博識廣之文人雅士，而砂形如古代大臣朝見皇帝時所執的手版模樣，即是為官受人景仰，官祿顯彰的好風水。砂形如筆架山一般，會出文人學士或是書法名家，若遇「辛山」有水來相對應，則會有賢內之助也。

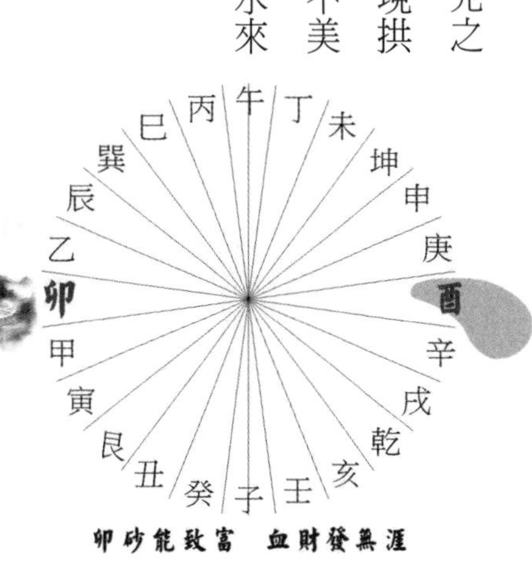

卯砂能致富　血財發無涯

乙砂發文章　幾個讀書郎
若遇辛水照　尤主內賢良

(4)、三碧東方也，若全部都是砂，主應會出文人與武將，再得「乾宮」、「兌宮」有水相對應，在上元運與中元運都是屬於好的風水。若砂形秀麗圓正，則此戶人家，男子氣宇軒昂，儀表堂堂；女子亭亭玉立，花容月貌。

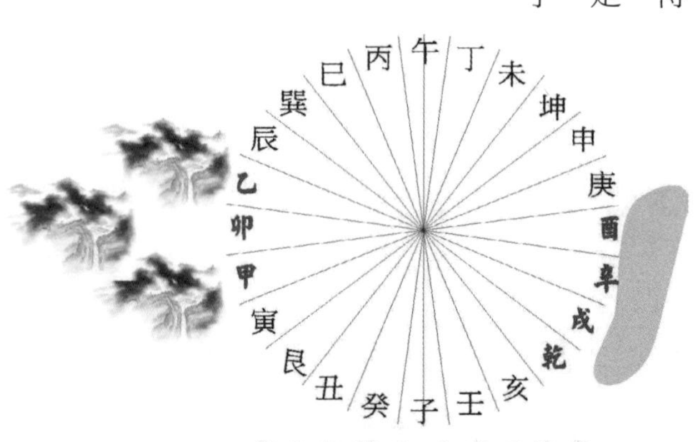

第四節

巽方有【水】女出淫亂男禿頭，有【山】則孩子會讀書或婦女能幹

巽卦總訣：

【巽水】臨宅財業盡，女出淫亂盜賊侵→【凶】

【巽砂】臨宅好文采，衣祿豐足名聲揚→【吉】

1、四綠巽（東南方）辰、巽、巳，水法斷語如下：

口訣：

辰水盜賊來，抄家並搶財；形若一條槍，命因惡死埋；

形如塘三角，軍賊命之該；形為都不正，搶劫開心懷。

巽水女淫亂，性偏愛老郎；形如鴨公腳，公媳共一床；

形若飛斜去，私奔到異鄉；口舌因此起，興訟到公堂。

巳水配禿郎，僧人入香房；夫若頭無發，假夫假久長；
形若七八椏，秦樓楚館娘。
四綠滿水汪，出人為匪狂；吃喝與嫖賭，貪戀將家亡；
水若流入坎，必定搶余娘；水如流坤聚，個個傷妻房；
流神通到乾，小女必為娼；最怕聚震位，兒郎往西方。

釋義：

(1)、辰山有水，宅中易遭盜竊或子孫有小偷之輩。水形如槍，意外血光必難逃；水形如三角尖銳狀，會出性暴惡劣之人。蓋因行為不端，舉止不正，如此風水而導致不得善終。

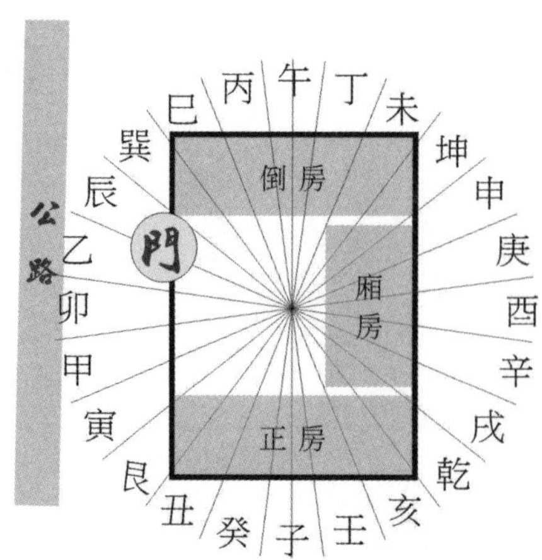

辰水盜賊來　抄家並搶財

(2)、巽山有水，女性會有淫亂之人，交往的對象一般年齡都比自己大上許多，且以「長女」更驗。水形如鴨腳似的支離破碎般，則家中易有亂倫的現象，若水形斜飛而出，妻子易與人私奔，因而產生口舌是非之爭，導致官非興訟而對簿公堂。

(3)、巳山有水，配夫易禿頭或與禿頭之人或僧人通姦。丈夫長年禿頭，生活艱辛困苦；水形如樹枝交錯橫亂，則女人易到外地為娼。

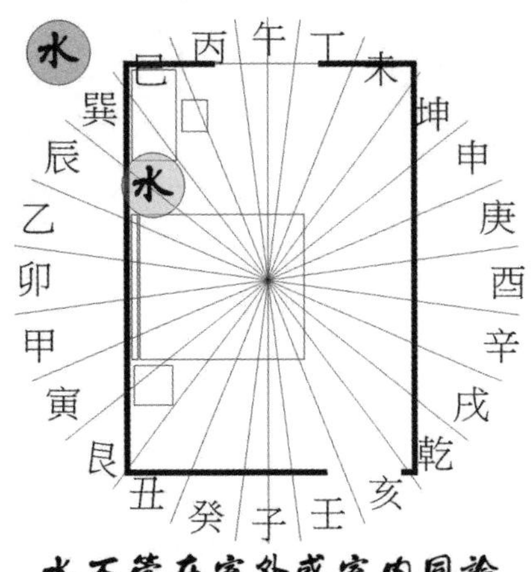

水不管在室外或室內同論
巽水女淫亂　性偏愛老郎

井
門
倒房
廂房
廂房
正房

巳水配禿郎　僧人入香房

(4)、四綠東南方也，長年有水聚於此，家中易有暴烈性惡之人，吃喝嫖賭，散盡家財。水流入「坎」方，會出寡婦；水流聚「坤」方，主傷妻。巽水流通「乾」方，女兒會做娼，最忌水在「巽、震」匯聚，孩子往異地發展，家中長年有藥碗之人，嚴重者會有損兒之象。

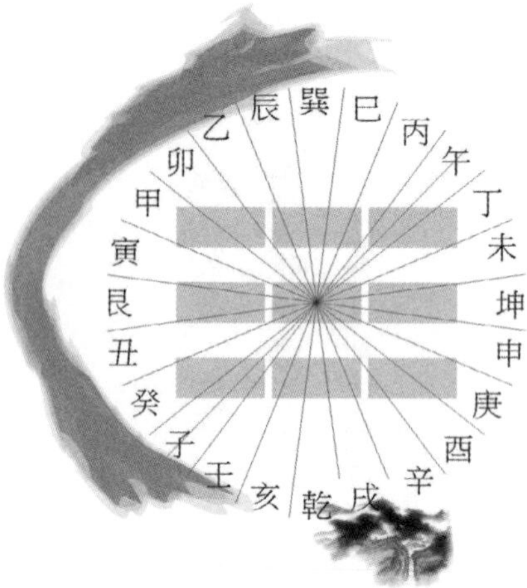

巽水流入坎　必定搶余娘

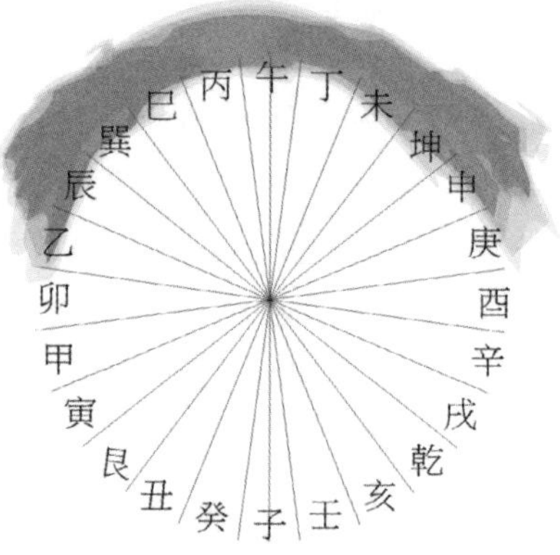

巽水流坤聚　個個傷妻房

流神通到乾，小女必為娼

2、四綠巽（東南方）辰、巽、巳，砂法斷語如下：

口訣：

辰砂雖發富，匪人其家住；財源不正來，名臭也不顧；

六親均無助，相逢似行路；形若破碎斜，怕遭非命故。

巽砂女主家，村鄰讚許她；形如貪狼樣，男女大名鼎；

苦得乾水照，定發上元花。

巳砂文書發，中子稱英豪；形如赤蛇繞，官清似爾曹；形若葫蘆樣，有子有方丈；形若尖峰起，財高名聲大。

四巽砂完全，正助上中元；為人吉幸福，此處藺中眠；若得乾午水，父子名聲賢；為官官亦正，不貪人民錢。

釋義：

(1)、辰山有砂雖然可以發財致富，但是錢財來源不明，聲譽不佳，與親屬之間互無往來，就算相遇亦無通氣。若水形殘破不堪，則易遭逢意外而死於非命。

(2)、巽山有砂女人當家能幹掌權，眾人稱讚，砂形如「土、金」狀，則無論男女持家有方，名滿鄉里。若再得「乾」方有水相對應，如天賜福祿一般，財利廣豐。

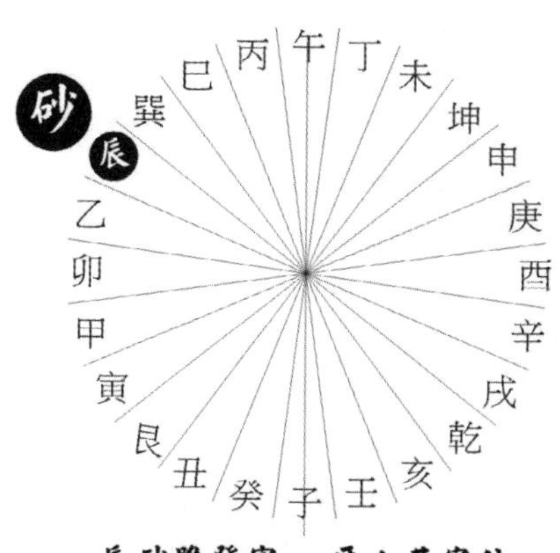

辰砂雖發富　匪人其家住

巽砂女主家，村鄰讚許她

(3)、巳山有砂，會出文人雅士，學習能力強，文采出眾，尤應二房。砂勢環抱有情（不反弓），定出知書達禮，為官清廉之人。砂如葫蘆樣，會有出家人或是禿頭者；砂形秀麗高聳，是為富比陶朱，聲名遠播。

(4)、四綠東南方也，全部都是砂，在上元運與中元運都是屬於好的風水，更顯家庭幸福美滿，後代會有醫、卜、僧、道之人。若「乾、午」方有水來相對應，父子聲譽齊揚；為官清廉端正，守正不阿。

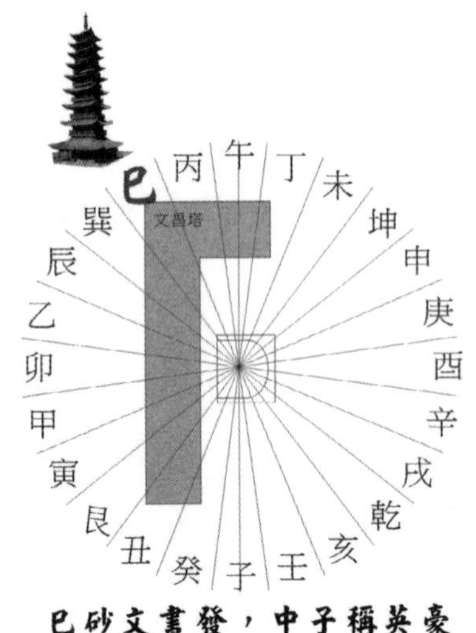

巳砂文書發，中子稱英豪

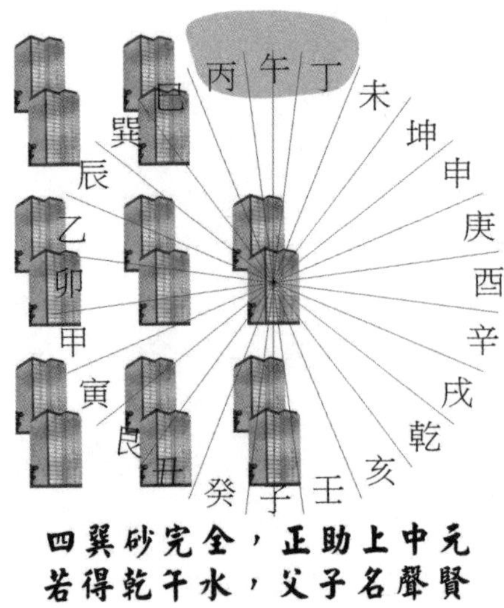

四巽砂完全，正助上中元
若得乾午水，父子名聲賢

第五節 乾方有【水】家中雖有錢但性急暴躁，有【山】則會常破財或火災

乾卦總訣：

【乾水】臨宅錢財有，性情急躁官非迎→【吉】

【乾砂】臨宅破財業，老父少男受拖累→【凶】

1、六白乾（西北方）戌、乾、亥，水法斷語如下：

口訣：

單戌水，土豪家，暗通匪類性如麻；

形破軍，囚官衙，妻子假壞不救他。

乾水長，最為良，老父與家壽而康；

屬寬大，必官郎，少子回家近道旁；

形曲曲，巳現光，讀書就有聲名香。
亥水塘，方團汪，天生小兒夜啼郎；
天皇皇，地皇皇，不犯亥水壽命長。
六白全是水，不嫌短與長；在天如奎照，在地為文昌；
無論陰陽宅，遇之發其祥；形若不斜飛，為官聲名香。

釋義：

(1)、戌山有水，在地方上有錢有勢，但是行事作風，並不被人所認同，而且性急暴躁，專做一些不法的勾當。若水形又凌亂不整，則易有官非，妻子暗中額手稱慶，任其有牢獄之災而置之不理。

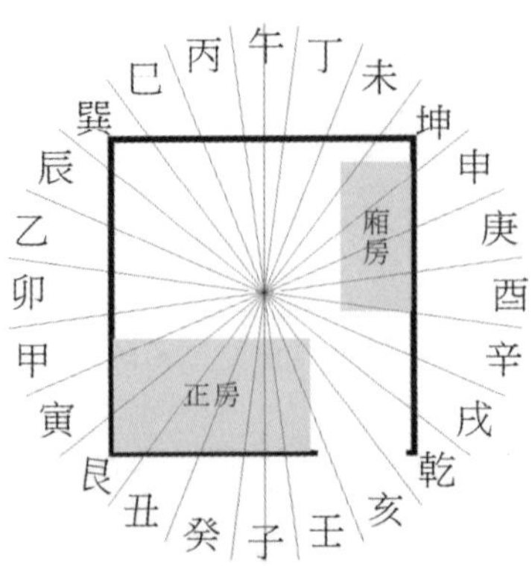

午 丁 未 坤 申 庚 酉 辛 戌 乾 亥 壬 子 癸 丑 艮 寅 甲 卯 乙 辰 巽 巳 丙

廂房

正房

六乾本是水可成土豪家
加蓋西廂房要離暗通房

(2)、乾山有水屬於好的風水地理，主應老父興業立家，健康有壽。水形好且廣，家中易出為官之人，回鄉之時鄉親鄰里皆歡喜。而水的形狀環抱有情不沖剋，且澄清明淨，如此的好風水，必定會出才學出眾，學博識廣之人。

(3)、亥山有水，而且水勢又大又猛，則小孩夜晚常常不停地啼哭，就算水形很好，亦主小孩的壽命不長，早夭已矣！

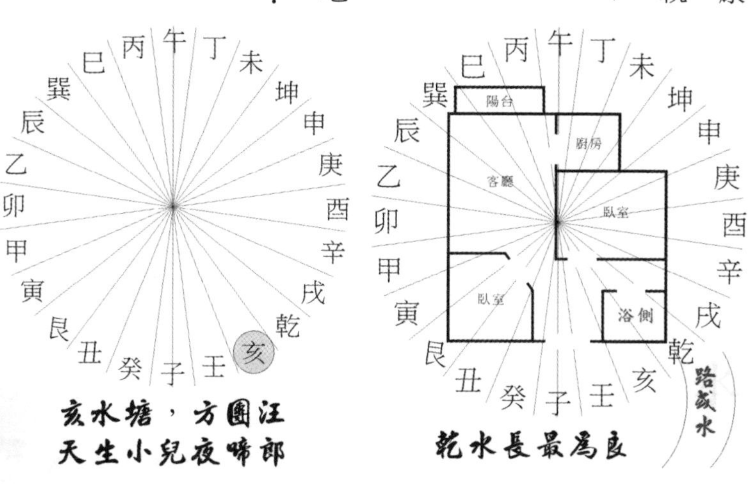

亥水塘，方圓汪
天生小兒夜啼郎

乾水長最為良

⑷、六白西北方也，此處全部都是水，不論深淺與否，猶如天上奎星（二十八星宿奎星，意指文昌盛世）的照耀，必出文人雅士。無論陰陽宅都是屬於好的風水地理，若水形秀麗，不斜飛於它處，定出為官正直，名聞遐邇之人。

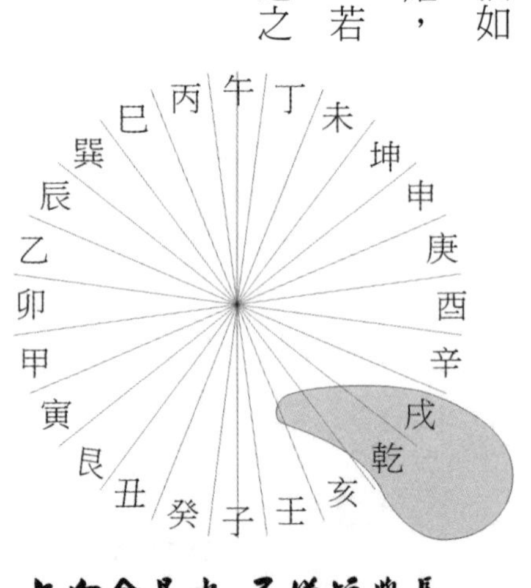

六白全是水 不嫌短與長

2、六白乾（西北方）戌、乾、亥，砂法斷語如下：

口訣：

戌砂號火星，定主回祿驚；形若兼破碎，亦怕鼓盆吟；
形如反門背，為資不投軍；若遇辰水照，逆水亂胡行。
乾砂老父傷，小子淚汪汪；形若破軍樣，亦主非命亡；
形若單脹路，入巽私去娘；巽水勺井樣，公媳共一床。
亥砂天皇皇，家生夜啼郎；形若十丈起，發富不久長；
巳水方形照，僧人入香房；夫君配禿郎，醜名不可揚。

六白一體砂，上中時敗家；老父心無主，行事亂如麻；
再遇辰巽巳，杏仁野挑花；子媳長少絕，定是砂飛斜。

釋義：

(1)、戌山有砂，則應事的時間很快，容易破財，易有回祿之災（火厄），若砂形不美，則容易發凶。砂形如反背狀，當兵從軍易逢災厄，若再遇「辰」山有水來相對應，則宅中會有橫行霸道，目中無人之輩。

(2)、乾山有砂，老父與少男行運欠佳，導致身心俱疲，身體方面每況愈下，若砂形破碎崩裂，老父當心死於非命之應。砂形如槍直射入「巽」方，則家中女主人因為男女關係不尋常，奔走他鄉而改嫁，若「巽」方有如井水圓形狀來相對應，則家中不管男女，皆會有放蕩淫亂之人。

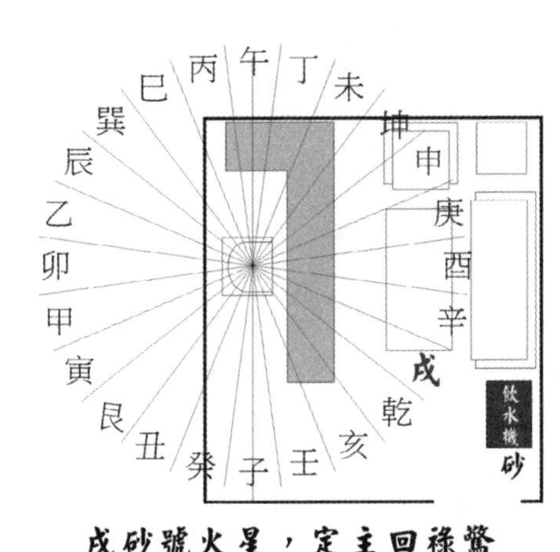

戌砂號火星，定主回祿驚

乾砂老父傷，小子淚汪汪

(3)、亥山有砂，家中小孩夜間經常哭鬧，若形砂高聳，則就算發富也難以久長。「巳」山有水呈方形狀，家中婦女會和禿頭或是僧人通姦，若夫君本身不是禿子或是頭髮很少，則必驗，紅杏出牆之事，眾人皆知矣！

(4)、六白西北方也，全部都是砂，主應上元運之中家運退敗無疑，家中長者無主見，做事毫無條理。再遇「巽宮」有水相對應，則會有風流淫亂之行，若砂形斜飛而出，長房、三房必多生女少生男。

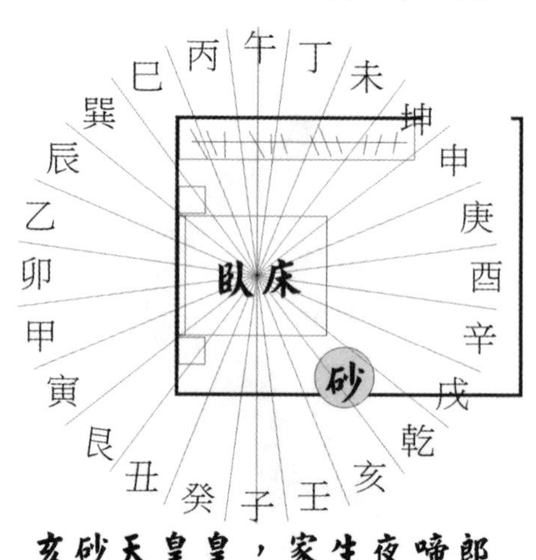

亥砂天皇皇，家生夜啼郎

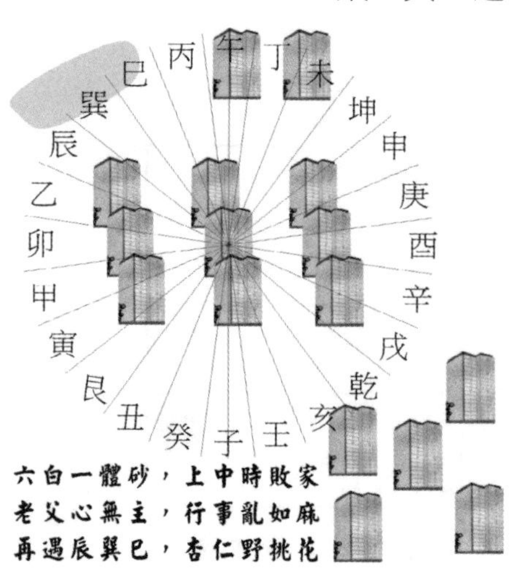

六白一體砂，上中時敗家
老父心無主，行事亂如麻
再遇辰巽巳，杏仁野桃花

第六節 兌方有【水】會出武狀元及美女，有【山】則犯肺病或口舌是非

兌卦總訣：

【兌水】臨宅好文昌，下學上達震四方↓【吉】

【兌砂】臨宅官司行，財破業敗總相迎↓【凶】

1、七赤兌（西方）庚、酉、辛，水法斷語如下：

口訣：

單庚水，武爵封，庚子庚孫在其中；

形勢大，對奇峰，師團旅長威名雄。

酉水來，一線收，江湖花柳快風流；

形寬大，女多愁，愁的夫妻不到頭。
辛水秀，文人誇，澄清形正美女娃；
方與寬，莫嫌他，得元與隆富貴家。
七水源源來，必定發橫財；流神通丙午，揮金土內埋；
龍神趨乾位，父子上講台；無論陰陽宅，得之均和諧。

釋義：

⑴、庚山有水，主出武貴，在庚年出生的子孫更驗。對沖方「甲」方有壯麗宏偉的山峰，則官階愈高，聲譽遠播。

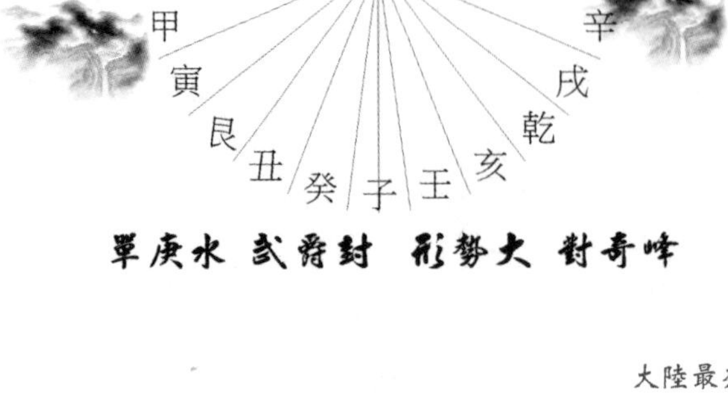

午 丁 未 坤 申 庚 酉 辛 戌 乾 亥 壬 子 癸 丑 艮 寅 甲 卯 乙 辰 巽 巳 丙

單庚水 武爵封 形勢大 對奇峰

(2)、酉山來水，水形如線一般細長，直沖而來，宅中之人多風流；若水形寬大，婦女自多愁，導致夫妻不合，嚴重者會有離婚之應。

(3)、辛山有水，形體秀麗端正，會有文人雅士；水質乾淨清澈，如此好風水，肯定會出美女。只要辛山有水，無論水形如何，得歲運之助，皆能興家致富。

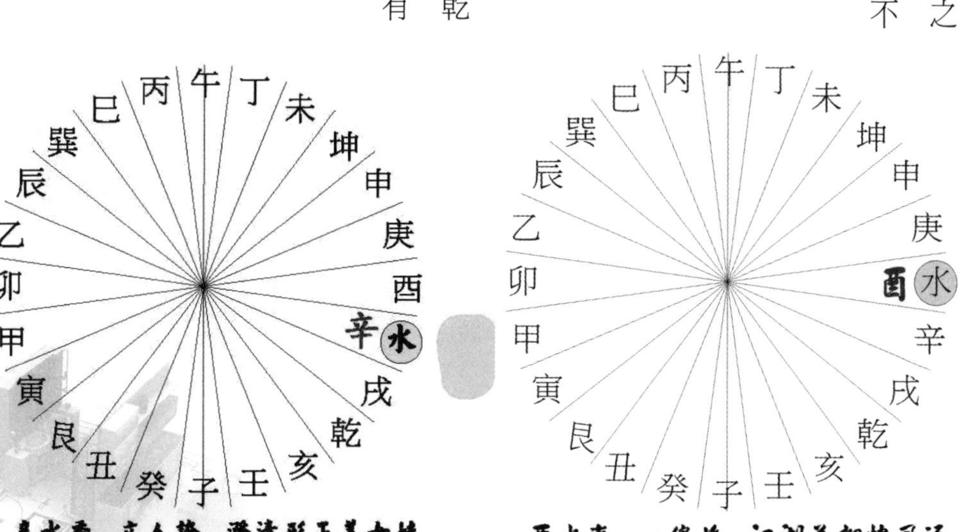

(4)、七水西方也，有源源不絕的水，很容易有意外的橫財；若流通「丙、午」方，則花錢如流水。水由「兌宮」流向「乾宮」，則父子皆是飽學五車，學博識廣之文人；陰陽宅同論，只要「兌宮」與「乾宮」處有水，都是屬於好的風水地理。

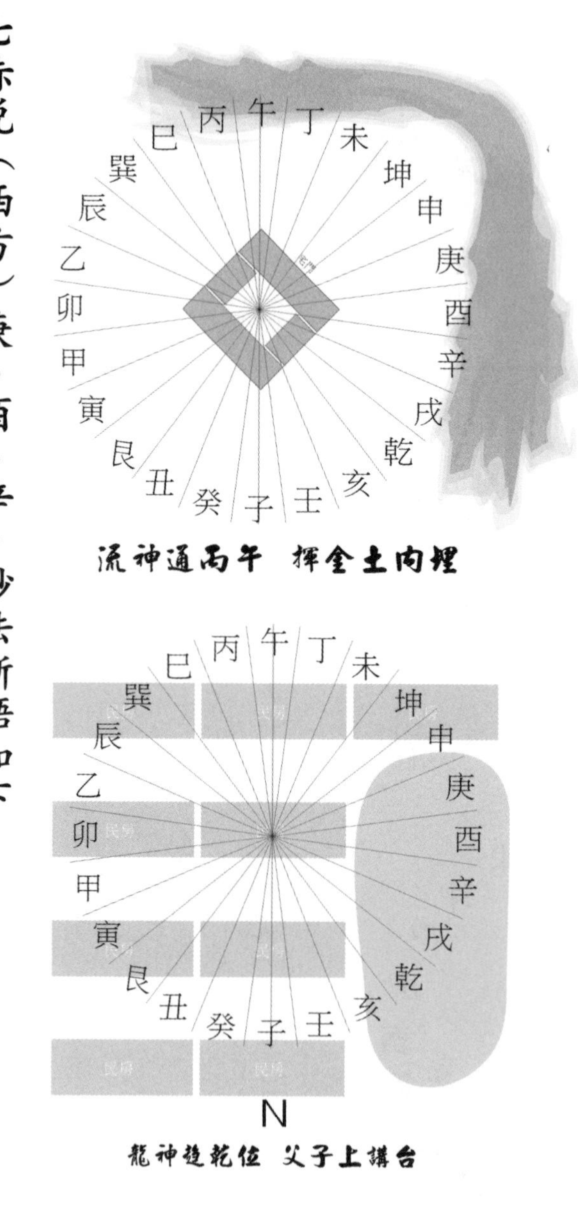

流神通丙午　揮金土內埋

龍神趁乾位　父子上講台

2、七赤兌（西方）庚、酉、辛，砂法斷語如下：

口訣：

庚砂惹禍端，煞到主見官；甲水對宮照，長子絕嗣完；
形若飛刃下，是非鬧不安。
酉砂直硬來，醜名懷私胎；啞兒因此出，毒入口難開；
長子多絕嗣，絕朝有愁懷；卯水再對照，定是要破財。
辛砂主肺癆，醫藥病難調；形若尖刀下，肝病焉能逃；
再遇乙水照，小口似風搖。
七赤砂滿現，子宮難名見；長舌婦女有，男女把天怨；
官非時不斷，心田不良善；再照辰巽水，奸猾百詐變。

釋義：

(1)、庚山有砂，最容易惹禍上身，而導致官非訴訟。對沖「甲」方有水相對應，則長房多夭兒；砂的形狀如刀，宅內肯定雞犬不寧，是非不斷。

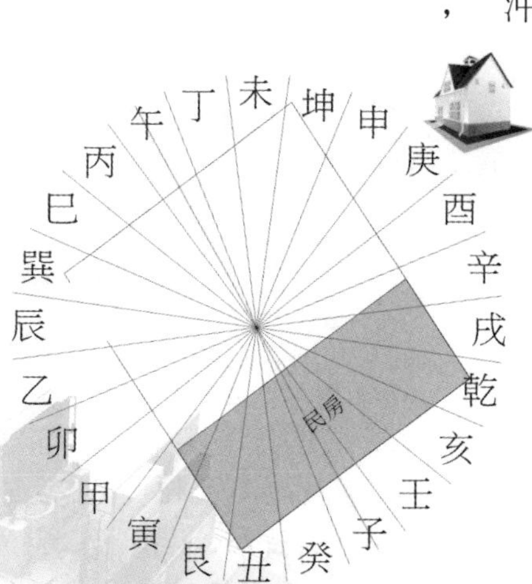

庚砂惹禍端，煞到主見官

(2)、酉山有砂單獨直聳，婦女荒淫無度之應，家人惜字如金，很不愛說話，若是開口便是剛愎自用，狂妄自大。長房多夭兒，憂鬱長期有；若再有「卯」水來相對應，則財破業敗總難逃。

(3)、辛砂有砂，易患呼吸系統方面的疾病，而且很難根治；若砂形如尖刀狀，則會有肝膽之疾。若再得「乙」方有水相對應，小孩的身體狀況就很不好，體弱多病。

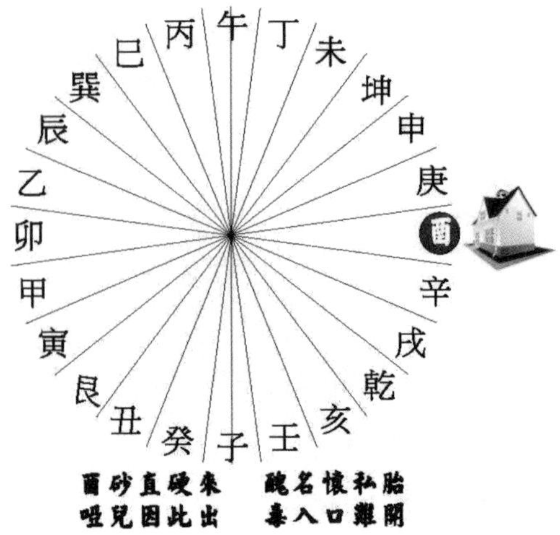

酉砂直硬來　醜名懷私胎
啞兒因此出　毒入口難開

午 丁 未 坤 申 庚 酉 辛 戌 乾 亥 壬 子 癸 丑 艮 寅 甲 卯 乙 辰 巽 巳 丙

民房

辛砂主肺癆，醫藥病難調

⑷、七赤西方也，全部都是砂，宅中不易有兒子，多生女也！家中婦女喜論人是非，說長道短，男女都會有口舌是非之爭，官非訴訟之應，導致怨聲載道，而且宅內之人心無善念，心地亦不好。若再得「辰、巽」方有水，則其性情多變狡猾。

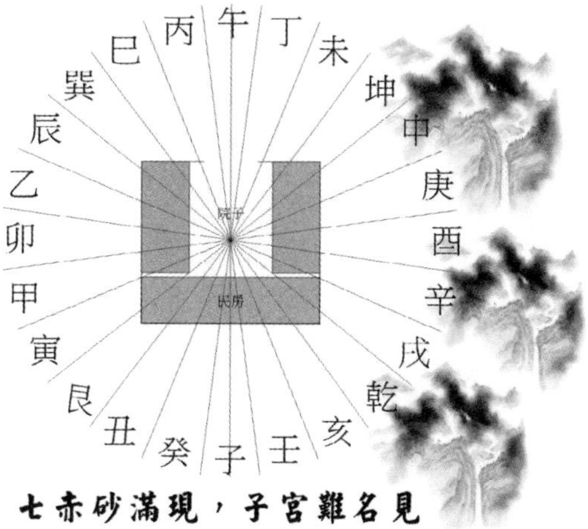

午
丁
未
坤
申
庚
酉
辛
戌
乾
亥
壬
子
癸
丑
艮
寅
甲
卯
乙
辰
巽
巳
丙

七赤砂滿現，子宮難名見

第七節
艮方有【水】會有錢有地出男孩，有【山】則出貪官，兒常生病

艮卦總訣：

【艮水】臨宅旺人丁，廣進田財萬事興→【吉】

【艮砂】臨宅貪官入，長年破耗病纏身→【凶】

1、八白艮（東北方）丑、艮、寅，水法斷語如下：

口訣：

丑水好，發田莊，行為不正作事強；
形寬大，臭錢囊，有事與匪好商量。
艮水高，兒郎多，身騎竹馬弟與哥；
文書事，美錦羅，男男女女都吟娥。

單寅水，心巧玲，醫藥中醫數大名；
絲與竹，酬善平，泉後隱居樂辛勤。
八白水汪汪，上中胎元強；田園家快樂，少男名聲香；
長子能致富，中子為仕郎；小媳無新為，挾室上高堂；
通午與流兌，發福均至強；流坎並流巽，一點不為良。

釋義：

(1)、丑山有水，主應田產廣置，但是為人作風強悍，其身不正；倘若水形寬廣宏大，則專取來路不明，作奸犯科得來的錢財。

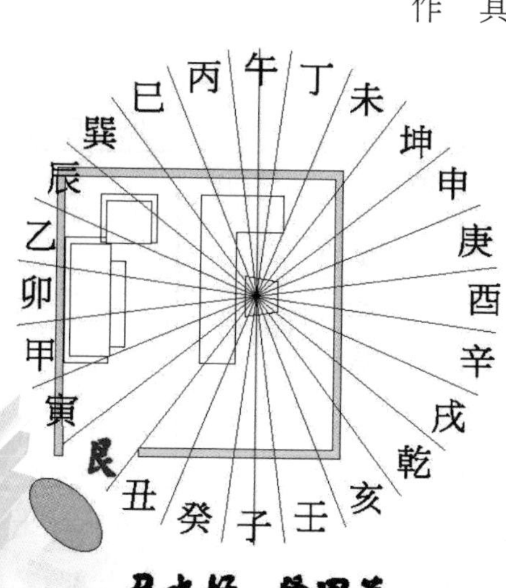

丑水好　發田莊

(2)、艮山水勢大又猛，多生男少生女，個個身體健康；男女皆是溫文儒雅、生性溫和、手巧玲瓏、文成七步之人。

(3)、寅山有水，會出心靈手巧之人，也會出名醫；精通琴棋書畫，積德行善時而有之，很想過著隱居生活，嚮往平淡而悠閒愜意的日子。

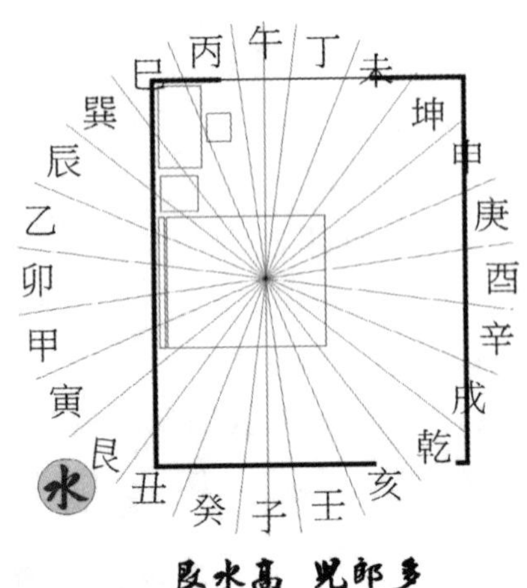

艮水高 兒郎多

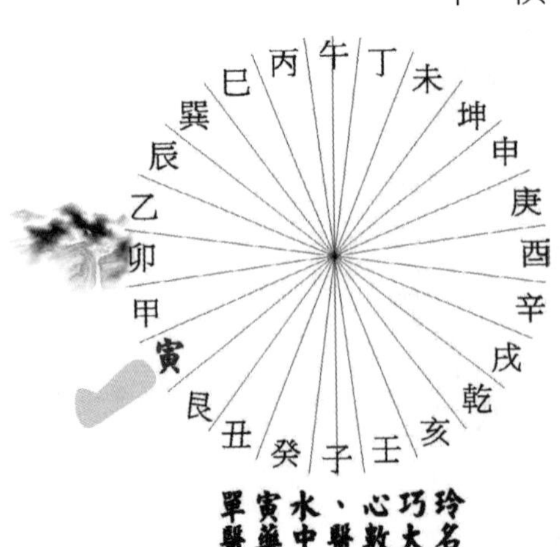

單寅水、心巧玲
醫藥中醫數大名

(4)、八白東北方也，水勢廣大，發財致富快又強，家庭和樂融融。少男穎悟俊秀，名譽佳評，長男財富廣積，中男有官祿，媳婦輕鬆自在，惟有在家侍奉父母。水流通「午方」或是「兌宮」，皆能廣納財氣；若由艮宮流入「巽宮」或是「坎宮」，此為不好的風水格局。

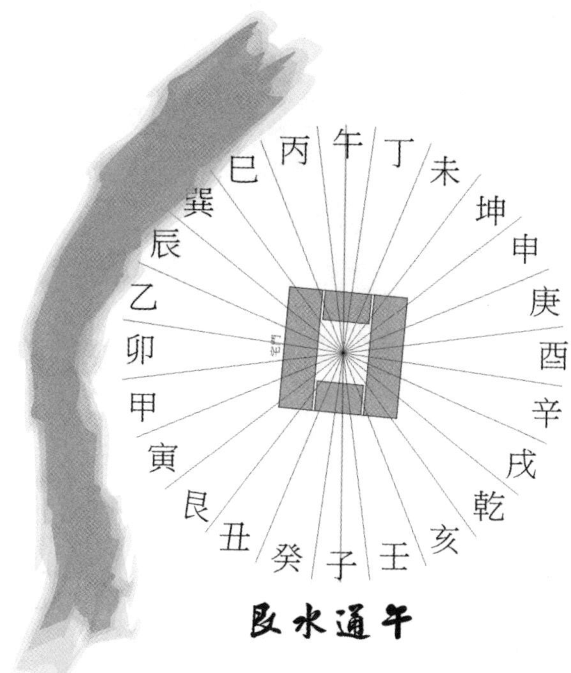

艮水通午

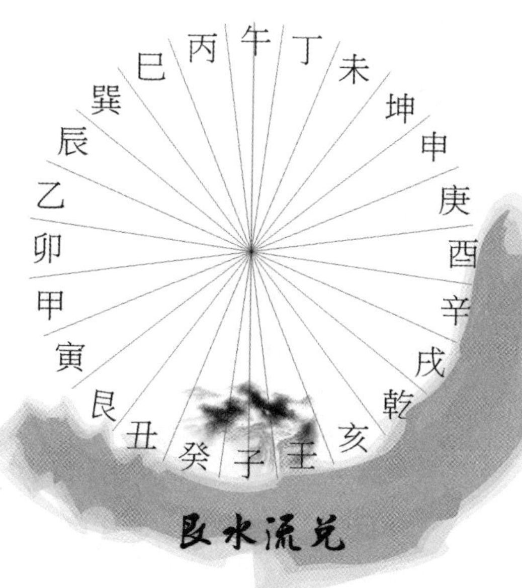

艮水流兌

2、八白艮（東北方）丑、艮、寅，砂法斷語如下：

口訣：

丑砂為賊盜，名被他人告；形若拖刀樣，屠夫手快妙；
少男人丁絕，家財人爭鬧。
艮砂沒兒郎，胎元受其傷；小口難撫養，尤主家不祥；
形若七椏叉，先絕是小房；坤水對面照，腹病婦女亡。

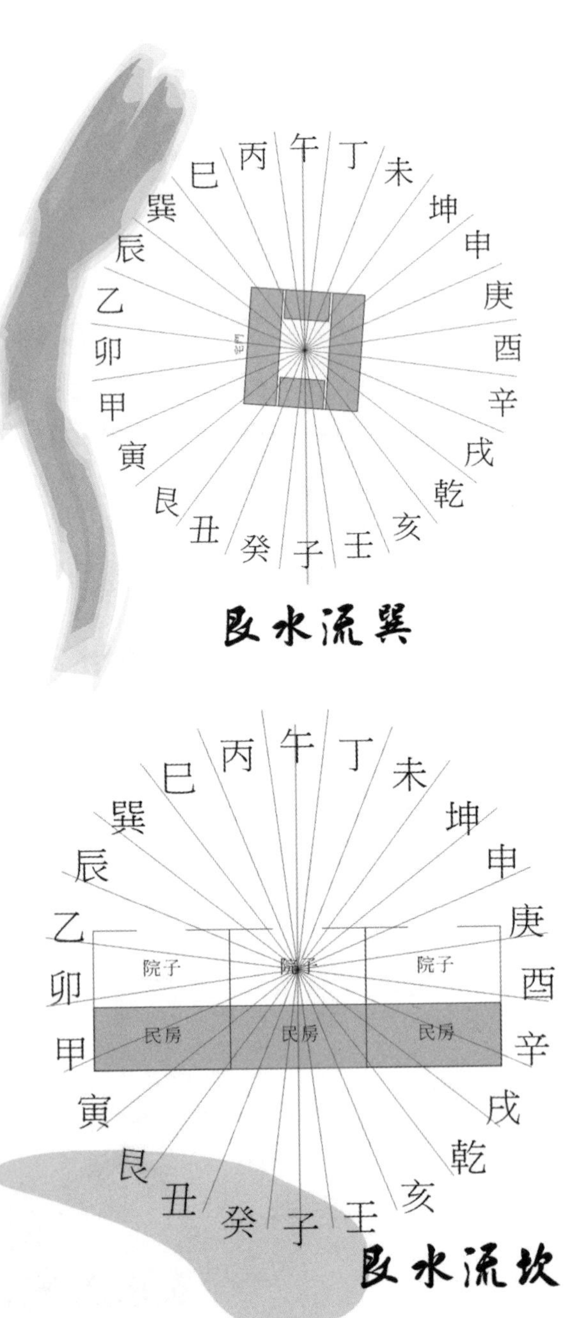

寅砂出僧道，或出醫師妙；形如三角樣，犬浪偏遇到；
六指或產出，學道有心竅。
八白砂完全，凶現在三元；行為都不正，是非多纏綿；
窮郎與乞丐，到處惹人嫌；未坤水對照，夫妻不團圓。

釋義：

(1)、丑山有砂，會出盜賊之輩，就算為官也不清廉，以至於官司臨身。砂形如拖刀狀，後代會有玩刀手法俐落的屠夫，而三房應無子，家裡常常為財務爭產不休。

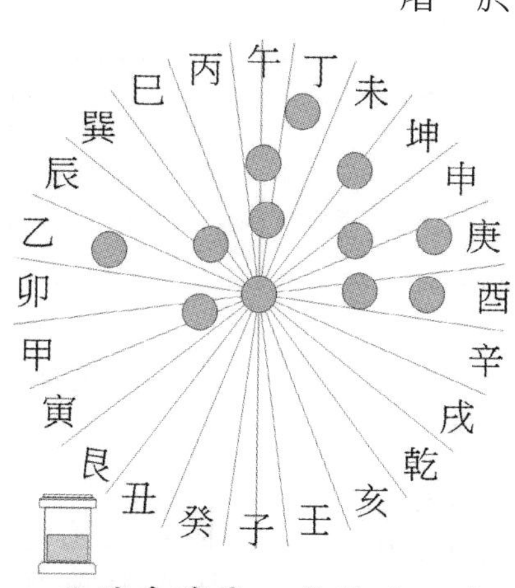

丑砂為賊盜，名被他人告

(2)、艮山有砂，容易發生墮胎或流產事件，難獲麟兒；家中破耗多，小孩撫養不易。砂形如樹枝般，七零八落，主應三房多夭兒；若得「坤宮」有水相對應，婦女會有腹痛腫脹之症，嚴重者甚至會傷亡。

(3)、寅山有砂，會出僧人、道人或是醫生。砂形如呈三角尖銳狀，家中易有血光之應，如此的風水會有六指人或是手會留下舊傷痕，而此人心靈性巧，聰明黠慧。

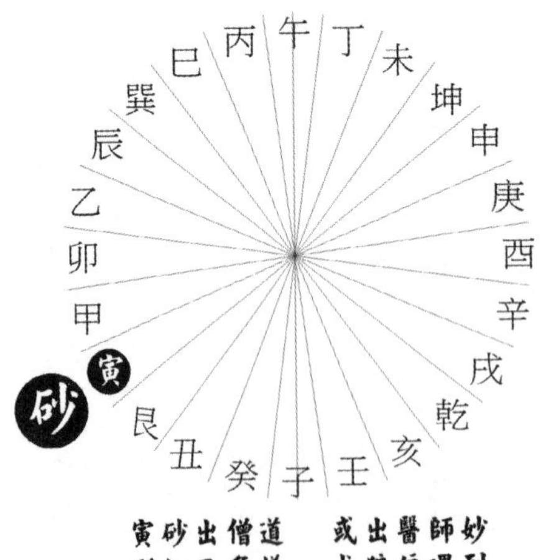

寅砂出僧道　或出醫師妙
形如三角樣　犬狼偏遇到

艮砂沒兒郎，胎元受其傷
坤水對面照，腹病婦女亡

⑷、八白東北方也，全部都是砂，則多招凶惡。此戶人家其身不正，是非橫生，因此生活困頓無依，處處惹人嫌。若再得「未、坤」山有水來相對應，夫妻難以白頭到老。

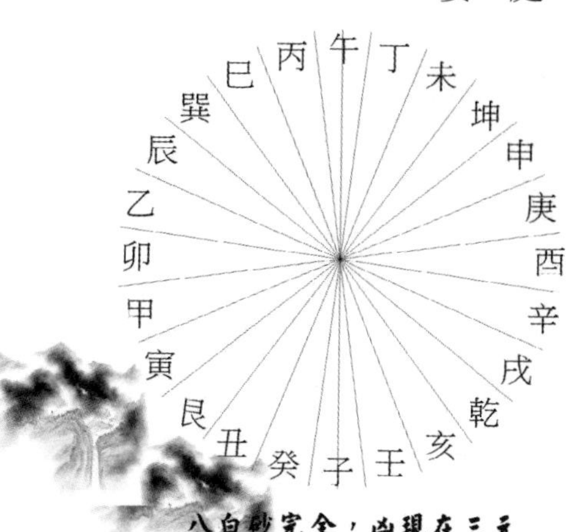

第八節
離方有【水】有田有地且長壽，有【山】會近視或失明且貧窮

離卦總訣：

【離水】臨宅笑常開，福壽綿長富貴鄉↓【吉】

【離砂】臨宅貧窮現，財敗帶病傷連連↓【凶】

1、九紫離（南方）丙、午、丁，水法斷語如下：

口訣：

丙水汪，上中良，無論寬大發兒郎；
太微水、壽星光，催官催財水中央。
午水來，光不開，桃花滾滾惹愁懷；
形不正，心耗財，嫖賭逍遙大快哉。

丁水流，有良田，局大正齊唔牛眠；
人文盛，筆墨全，少為辛勤福壽綿。
九紫水全通，三陽慶大功；流若乾方去，八代詩書墳；
若是流兑出，江湖花柳中；若能流艮出，也主田宅崩。

釋義：

(1)、丙山有水是屬於好的風水，無論水勢大或小，皆主發二房；如蒙受太微星護佑一般，延年益壽，富貴榮華。

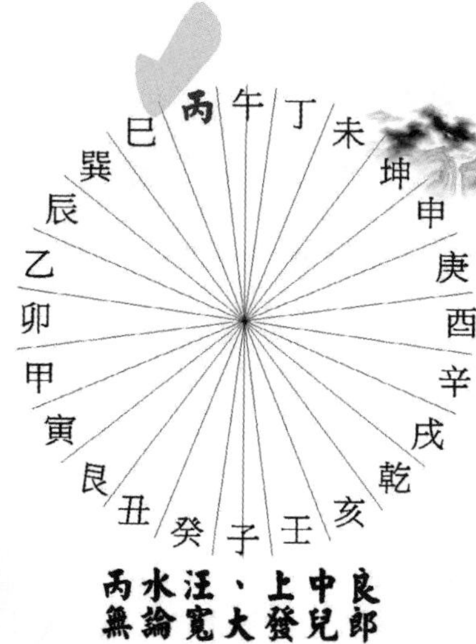

丙水汪、上中良
無論寬大發兒郎

⑵、午山有水是屬於不好的風水，會因男女之間不正常的情愛關係，而招惹是非；若水行不齊，歪七扭八，便易出不務正業，吃喝嫖賭之人。

⑶、丁山有水，會有良田予以耕種，顯示家境富裕。水形寬大整齊，如此好風水，會出文人雅士，辛勤致富，福壽綿長。

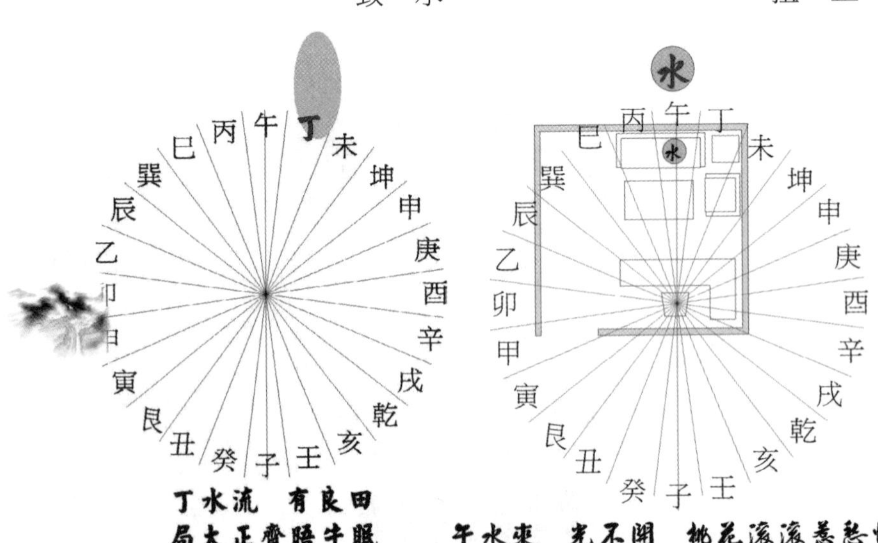

丁水流　有良田
局大正齊賠牛眠

午水來　光不閑　桃花滾滾惹愁懷

(4)、九紫南方也，全部都是水，主應駿業騰達，富貴榮華。水局流通「乾宮」，後代會有飽學五車，文成七步，詩冠天下之人。若水由「離宮」流往「兌宮」而流出，則會有江湖花酒，尋花問柳之人。若水由「離宮」流往「艮宮」而出，此為凶煞之最，主應妻離子散，家破人亡。

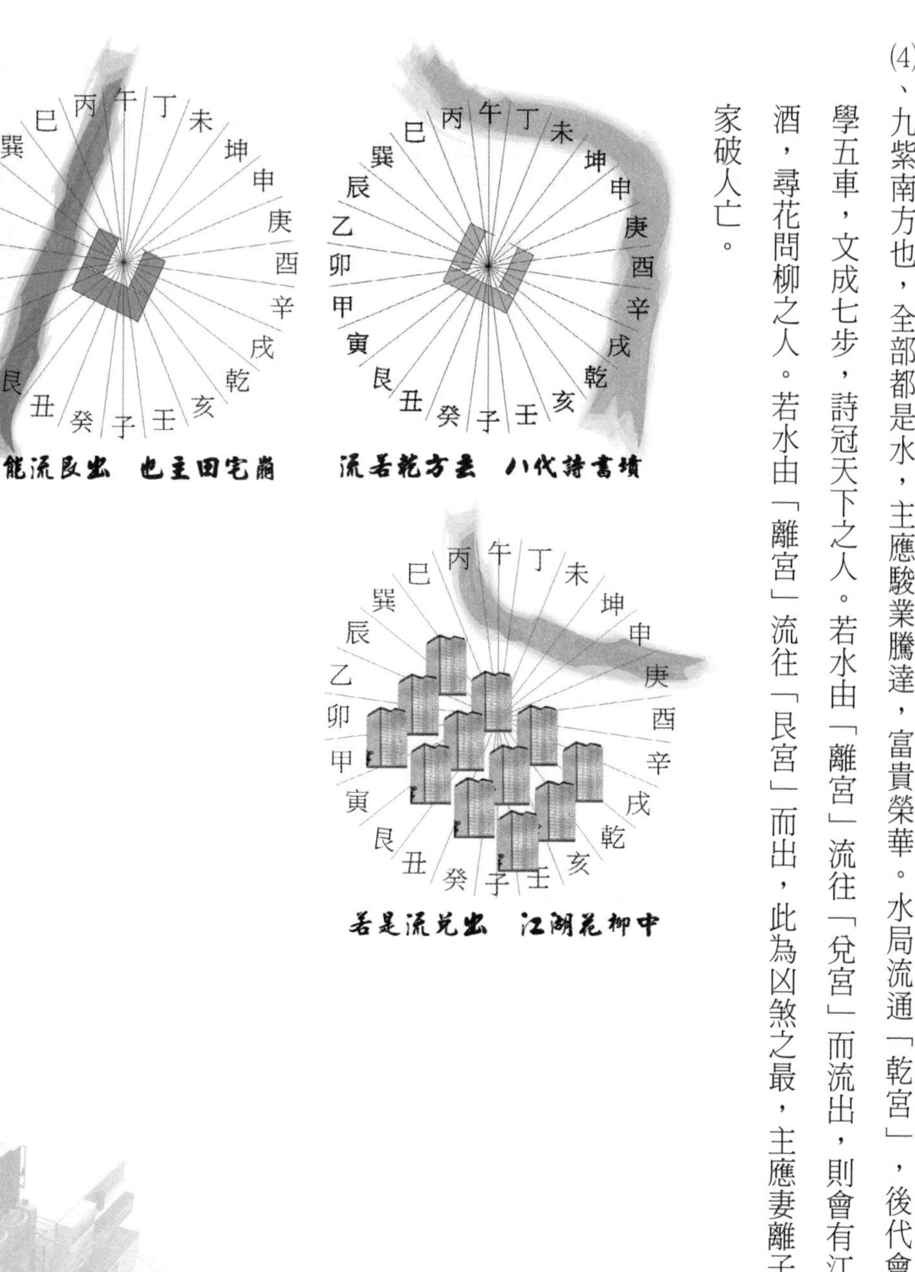

2、九紫離（南方）丙、午、丁，砂法斷語如下：

口訣：

丙砂太不強，中子目定盲；形若高尖起，亦主吐血亡；
壬水再對照，先絕是二房。
午砂出窮郎，亦主非命亡；形若三角起，雙目一起傷；
心痛為小事，野郎伴似娘；子水再相見，吐血面皮黃。
丁砂病不祥，藥爐不離房；形若一條槍，尤怕非命傷；
形苦探扒樣，軍賊槍下亡；癸水澄清蓄，定有寡婦娘。
九紫全體砂，上元是敗家；絕二又絕長，四九配交叉；
五官形不正，難比施公斜；壬子癸水照，斷定是絕家；
無論陰陽宅，切忌犯離砂；離灶與離路，都宜改換它。

釋義：

(1)、丙山有砂，不會過於高聳，家中男女會有失明或是近視的現象。砂形高又尖聳，會有心血管疾病或是吐血而亡之人，若「壬」水再來相對應，則中房多夭兒或先生女後生男。

(2)、午山有砂，窮困無依，會有死於非命之人；砂形呈尖銳三角狀，會有心血管疾病與眼瞎之危。中男所找的伴侶或情人，年紀一定大他許多，若再見「子」水來應，身體虛弱吐血，面黃肌瘦定無疑。

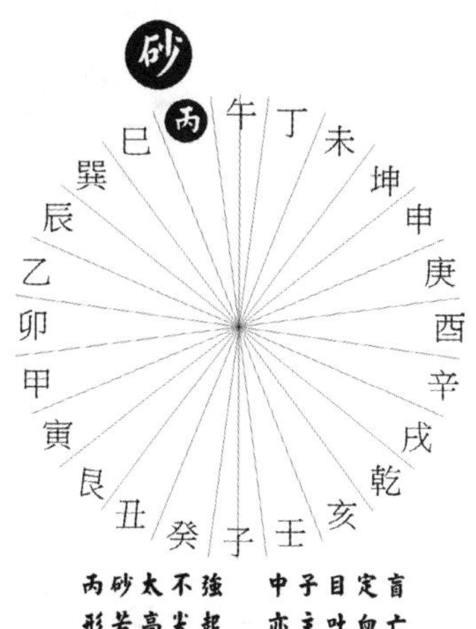

丙砂太不強　中子目定盲
形若高尖起　亦主吐血亡

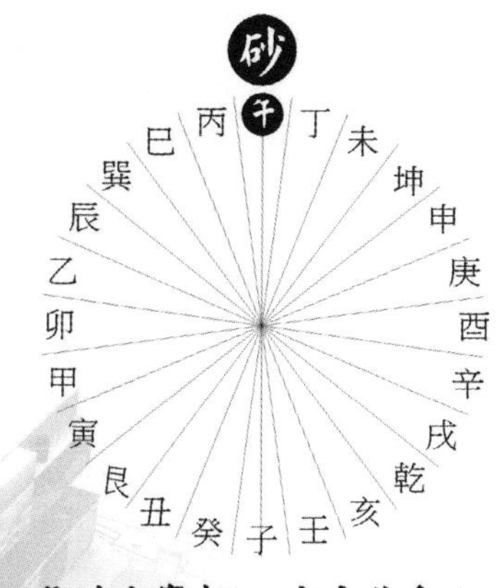

午砂出窮郎　亦主非命亡
形若三角起　雙目一起傷

(3)、丁山有砂，常年藥碗不離身；砂形猶如一支槍，死於非命風水差。砂形如探頭樣，意外死亡打架傷；若得「癸」水聚來相對應，家中易有寡婦身。

(4)、九紫南方也，全部都是砂，上元運最是凶，長房、二房多夭兒。四巽方有水，九離方有砂，醜陋面貌施公樣，小孩五官不正定有他。「坎宮」有水來相對應，此戶人家肯定沒有男孩，就算有也多夭，是故最忌選上離方有砂之陰陽宅，且「離」方有灶台或是道路直沖，都必須要另外擇居或另做布局為宜。

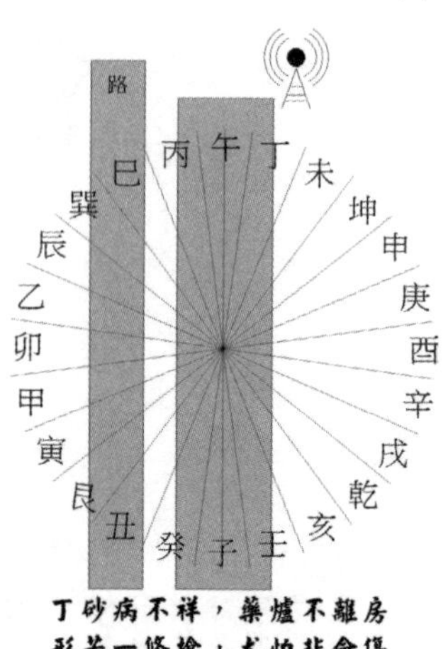

丁砂病不祥，藥爐不離房
形若一條槍，尤怕非命傷

九紫全體砂，上元是敗家

第二章

三元乾坤國寶概念

三元地理根據記載乃九天玄女傳予白鶴神仙，到了唐代傳予邱延翰、楊益（救貧）等，至今已經一千兩百多年，其中至為珍貴的祕寶是三元水法，也就是乾坤國寶龍門八大局。

堪輿名言：「第一是觀星望斗，第二是入山看水口，第三是拿著羅經滿山四界走。」亦即擅於巒頭理氣之地理師，僅能配稱二流，必須要精通天文地理，才稱得上是第一流。

風水學在中國的文化淵源歷史悠久，堪輿學派眾多，大致可分為形家陽宅、八宅明鏡、紫白飛星、三元玄空、乾坤國寶、三合、九星等。原先蓋以「三合」為主流，因為目前研究「三元乾坤國寶」者眾，便漸漸成為風水師藉以堪輿的一大重要門派。

三元乾坤國寶又稱為「龍門八大局」，是由先後天八卦與易經河圖洛書演繹而來。先天為體主氣；後天為用主運。

伏羲是我國傳說中的三王五帝之一，在他為王的時代，就對日月星辰、氣候天象、草木興衰等有很深的觀察與認識。直到有一天，黃河中忽然躍出了「龍馬」，也就在此時，他發現龍馬身上的圖案，與自己一直觀察萬物的「意象」完全神合，於是伏羲運用龍馬身上的圖案，與自己的觀察，將之繪成圖案叫做「河圖」。

自伏羲發現河圖，經過了八百年左右，當時洪水氾濫成災，百姓叫苦連天，於是大禹銜命治水，且當時剛新婚，卻數次經過家門而不入，其悲天憫人、因公忘私、無悔無怨的胸懷，當今還是為後代世人所津津樂道。當時大禹始終找不到治水的良策，後來他發現一隻神龜出現在洛水，背上甲裂成紋繪成圖案叫做「洛書」。

三元乾坤國寶龍門八大局水法又稱為「三天水法」或是「三朋法」。也就是先天水應人丁，後天水應妻財，中天水應貴格，亦即取財丁兩全，富貴綿延之意。避其天劫地刑與曜煞，取其輔卦庫池位，賓客水局變通運用，其陰陽宅風水感應之效力十分明顯。

第一節 三元水法局位介紹

所謂水法，不是單指有水的地方，而是泛指「水的氣息」的流動。一片再平坦的地面也會有個傾斜度；地形傾斜的方向，那就是水路。如若有水溝，可看水溝的走向來決定水路的走向；即使沒有水溝，亦可觀察地形的高低來決定水路的方向。

一般論水法，大致都將水路分成橫水、斜水、朝水、直水、回水、合水、織水等數項，在「正三元」的水法也是大約如此分類；只是還要辨識水路的出口處，如此才能掌握以上所談水路的要領。

龍門水法，每一卦局除了坐山卦位之外，都有先天位、後天位、地刑位、天劫位、賓位、客位、輔卦位、案劫位等八個遁局位，另有正曜煞（坐山八煞）、天曜煞（先天八煞）、地曜煞（後天八煞）、庫池位，以及讓水放流出的正竅位。

1、坐山：

龍門水法的理論是以坐山為主，看二十四山之坐向是屬於何卦，即以此坐卦稱謂該卦局，其八卦二十四山歸屬如下。

(1)．壬山丙向、子山午向、癸山丁向是屬於坎卦，因此名之為「坎卦局」。

(2)．丑山未向、艮山坤向、寅山申向是屬於艮卦，因此名之為「艮卦局」。

(3)．甲山庚向、卯山酉向、乙山辛向是屬於震卦，因此名之為「震卦局」。

(4)．辰山戌向、巽山乾向、巳山亥向是屬於巽卦，因此名之為「巽卦局」。

(5)．丙山壬向、午山子向、丁山癸向是屬於離卦，因此名之為「離卦局」。

(6)．未山丑向、坤山艮向、申山寅向是屬於坤卦，因此名之為「坤卦局」。

(7)．庚山甲向、酉山卯向、辛山乙向是屬於兌卦，因此名之為「兌卦局」。

(8)．戌山辰向、乾山巽向、亥山巳向是屬於乾卦，因此名之為「乾卦局」。

2、先天位（先天水）：

坐山	坎	艮	震	巽	離	坤	兌	乾
先天水	兌	乾	艮	坤	震	坎	巽	離

坐山卦的先天卦位，主應人丁。若要家中多生男孩，就要讓先天水來朝堂（過明堂之意），倘若先天水不過明堂而轉往別處，想要子孫滿堂，那就很困難了。反之，水是由其他方位流到先天位而轉出，稱為「流破先天」，主不旺丁，甚至會有損丁的現象或是人丁頹弱且為庸庸碌碌無成之輩。

3、後天位（後天水）：

坐山	坎	艮	震	巽	離	坤	兌	乾
後天水	坤	震	離	兌	乾	巽	坎	艮

坐山卦的後天卦位，主應妻財。無論陰陽宅，水由後天位流到堂前（過明堂之意），則主應妻子身體健康，家中財源廣進。坐山立向的時候能收到後天水朝堂，是最基本的要求，方能宅內平安如意，亦可因妻而致富；反之，水由後天位而流出，稱為「流破後天」，不僅難以聚財，亦稱為破財屋。

4、三刀案（案劫、天劫、地劫）：

坐山	坎	艮	震	巽	離	坤	兌	乾
天劫	巽	離	乾	坎	艮	震	艮	震
地刑	坤	兌	坤	兌	乾	坎	巽	離
案劫	離	坤	兌	乾	坎	艮	震	巽

(1)．以宅「向」論案劫。明堂前最適宜寬闊明亮，忌堂前高壓逼迫，破碎不堪，來路或尖物沖射、煙囪、廟堂、電塔、大樹等，主應宅內不安，意外血光，損丁破財之象。

(2)．天劫位在案劫的左方或右方，是最凶的卦位。切忌有水沖射而來（去水為吉）或是任何的形煞（寬闊平坦為宜）。

(3)．地刑位在案劫的左方或右方，有些卦位會與先天位或後天位或輔卦位在同一卦位，所以基本上不喜水流出。如若有水流出，則會應驗同位置之流破先天損丁或流破後天損妻財。

5、賓客位（賓水及客水）：

坐山	坎	艮	震	巽	離	坤	兌	乾
賓位	震	坎	巽	離	兌	乾	艮	坤
客位	乾	巽	坎	艮	坤	震	離	兌

(1)．向首卦的先天卦位就是「賓位」。賓位來水過堂，主應旺女兒女婿，外姓子孫，去水則無妨。

⑵．向首卦的後天卦位就是「客位」。客位來水過堂，主應旺女兒女婿，適合做外地生意，去水亦無妨。

6、輔卦位（輔卦水）：

坐山	坎	艮	震	巽	離	坤	兌	乾
輔卦水	艮	兌	坤	震	巽	兌	坤	坎

輔卦位是除了坐山位、向首位、先後天位、賓客位、三刀案位全除掉外，所餘的卦位就是輔卦位，若八卦全有，則與地刑同卦。輔卦水以輔佐先後天水為主，宜來不宜去，來者旺人丁，去水則凶，穴前最喜有低窪聚池深且廣者，主富貴綿長。

7、庫池位（庫池水）：

坐山	坎	艮	震	巽	離	坤	兌	乾
庫池位	坤	乾	壬	坤	辛	巽	癸	艮

庫池位就是財庫位，論財富之多寡，收放財銀之位，如此處為游泳池、景觀池、魚池、噴水池、低窪深處之位，最適宜清澈靠近。

8、曜煞位（正曜、天曜、地曜）：

坐山	坎	艮	震	巽	離	坤	兌	乾
正曜	辰戌	寅	申	酉	亥	卯	巳	午
天曜	巳	午	寅	卯	申	辰戌	酉	亥
地曜	卯	申	亥	巳	午	酉	辰戌	寅

曜煞是坐山八卦五行，受到地支同陰陽之剋，為坐山之曜煞，其歌訣曰：坎龍坤兔震山猴，巽雞乾馬兌蛇頭；艮虎離豬為曜煞，宅墓逢之使人愁。

曜煞方所占的區域方位以地支為主（十五度一個座山），所以範圍較小。曜煞位最忌門路沖射、屋角、屋脊、電線桿、水塔、高牆欄杆、大石土堆、煙囪、大樹、水路、電塔、尖角，應驗損丁、血光、破財、男女狂癲、吐血癆疾、無恥之徒、藥碗不斷等等。若犯一曜煞則常常吃藥，犯二曜煞則神經錯亂、躁鬱難安，犯三曜煞則出狂癲之人，若同時又犯三刀案，則會更加嚴重，除損丁耗財之外，甚至有絕嗣之慮。

9、正竅位（中天水）：

坐山	坎	艮	震	巽	離	坤	兌	乾
水口	巽丙丁	丙丁坤	乾庚辛	壬癸乾	艮壬癸	甲乙艮	艮甲乙	甲乙巽
正竅位	巽	坤	乾	艮	辛	甲	甲	巽

中天水謂之出水口，亦即正竅位。得中天出水者主貴，出水口以乾、坤、艮、巽和天干為主，不可以地支當出水口，否則流破中天主大凶。真正的中天水為正竅位，中天水又稱「案劫水」，宜出不宜入。故三元水法最重視的就是收先天水與後天水，出中天水口。

第二節 三元水法剋應六親及病症

三元水法剋應六親與病症是以：「先天八卦主六親；後天八卦主病症。」

(1)·後天坎卦（屬水），先天坤卦——坤主母親。

易患泌尿系統疾病，膀胱、腎臟、子宮、卵巢、耳塞、膽石、婦女病。

(2)·後天坤卦（屬土），先天巽卦——巽為長女。

易患消化系統毛病，胃腸、腹、脅、脾虛、小產。

(3)·後天震卦（屬木），先天離卦——離為中女。

易患免疫系統毛病，容易疲勞、肝膽、手腳損傷、神經失常、車關。

(4)·後天巽卦（屬木），先天兌卦——兌為少女。

易患免疫系統毛病，肝膽、氣喘、痔瘡、風濕關節炎、股部損傷。

(5)·後天乾卦（屬金），先天艮卦——艮為少男。

易患呼吸系統毛病，肺部、頭痛、腦疾、支氣管、筋骨。

(6)·後天兌卦（屬金），先天坎卦——坎為中男。

易患呼吸系統毛病，喉嚨、牙齒、大腸、肺部、支氣管。

(7)·後天艮卦（屬土），先天震卦——震為長男。

易患消化系統毛病，筋骨、胃腸、皮膚病、腫瘤、中風。

(8)·後天離卦（屬火），先天乾卦——乾為父親。

易患循環系統毛病，心臟、血壓、眼疾、血管、小腸。

第三章

各坐、向陽宅實務吉凶論斷

本單元就是依目前的宅向來分析各方位之吉凶現象，在各方位如有吉的解說，請加強佈局，如果是凶的解說，請加強防範，並且移除或制化不利的形煞物。

第一節 屋宅為——坎——宅，各方位有形煞會怎麼樣，請對照看看

坎卦局：壬山丙向、子山午向、癸山丁向（統稱坎山離向）。

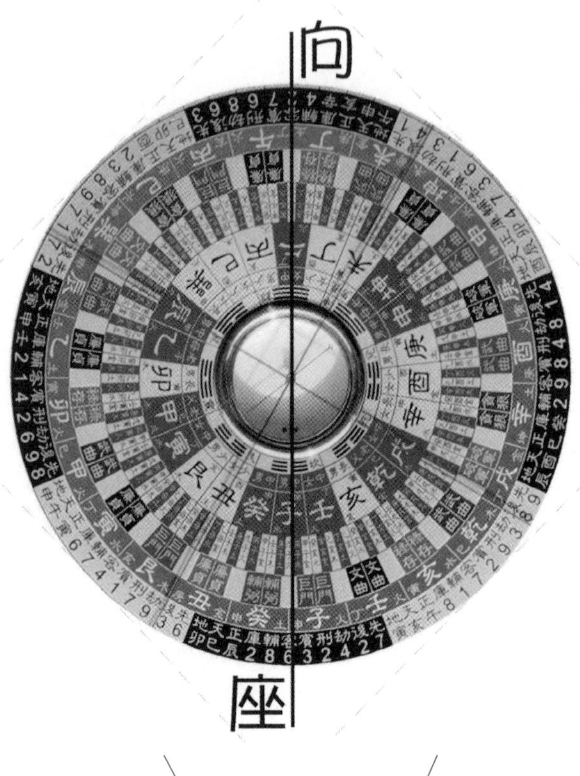

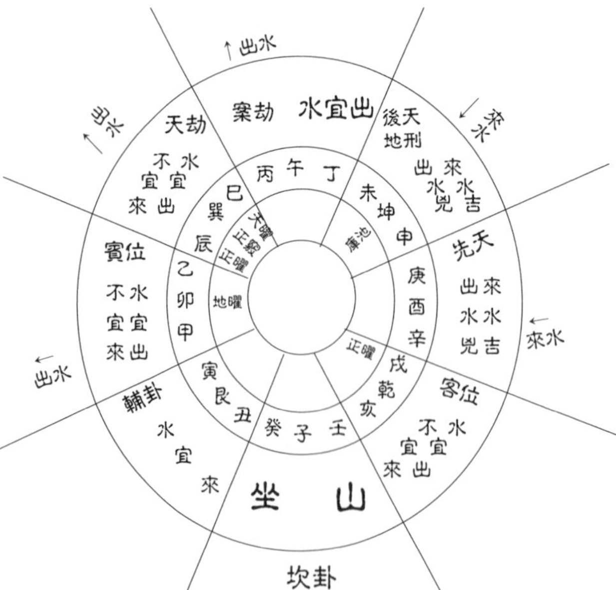

各卦位吉凶解說：

1、**坐山：（坎卦—北方）**

坐山忌古木、大樹、電線桿、古井、大石、凹風低陷、高山壓迫、路沖，剋應以大房位為主，對女人身體不利，住家不安寧。

2、**輔卦位：（艮卦—東北方）**

動土主破財，有聚池者愈旺，最好是澄清近穴。

3、**賓位：（震卦—東方）**

來水發女口，蔭外家，本姓退敗。

4、**天劫位：（巽卦—東南方）**

天劫位是最凶的卦位，水宜出不宜來，有古松，主家患陰症。

5、**曜煞位：（辰、戌、巳、卯方）**

辰、戌、巳方有枯木主出狂人。

巽、巳方有水朝來，主花街柳巷之兆應。

曜煞位最忌門路沖射、屋角、屋脊、電線桿、水塔、高牆欄杆、大石土堆、煙囪、大樹、水路、電塔、尖角，應驗損丁、血光、破財、男女狂癲、吐血癆疾、無恥之徒、藥碗不斷等等。若犯一曜煞則常常吃藥，犯二曜煞則神經錯亂、躁鬱難安，犯三曜煞則出狂癲之人，若同時又犯三刀案，則會更加嚴重，除損丁耗財之外，甚至有絕嗣之慮（其他卦局曜煞方的剋應現象亦同論）。

6、案劫位：（離卦—南方）

案逼或雜亂，主大小不安、為人無情意、易生怪病、敗財。

丙位有路沖破，主出鬼怪。

午方午水朝來，男主車禍、意外、血光、爛桃花，女主貪淫。

午水來入兌方，桃花殺、女人叛離。

午辰方有路沖，主牢獄、意外、血光。

7、後天位、地刑位、庫池位：（坤卦—西南方）

收巽水（天劫水）出坤水（後天水），主大敗、損丁、消亡敗絕。

內局射破，主婦人虛損病症。

外局流破，主婦人見血光、產厄。

收來水過堂則財旺，去水流破必有損財之應。

庫池位聚水愈深，財庫愈旺，最適宜澄清近穴。

8、先天位：（兌卦—西方）

出水主損丁、破財。

有凹缺、破碎、雜亂，主奴欺主、出愚人、小孩難養。

收巽水（天劫水）出兌水（先天水），主犯孤寡、冷丁之悲局。

9、客位：（乾卦—西北方）

水來發女口，本姓冷退。

宅論房客大發財、客人好，主人較不好之局。

10、中天位：（巽卦—東南方）

中天位水宜出不宜入，正竅位出水口阻塞，主家人有眼疾。

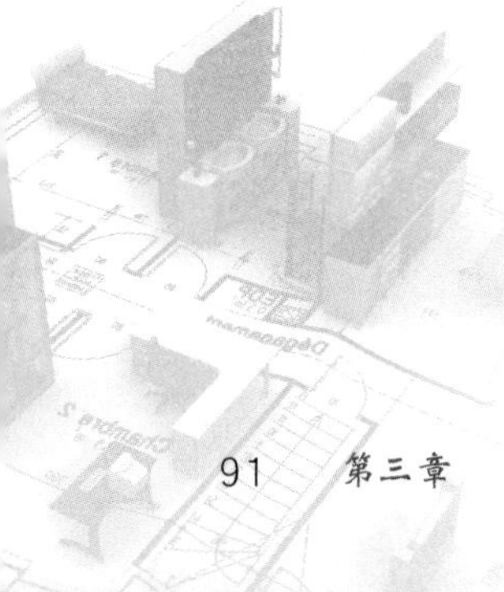

第二節 屋宅為「艮」宅，各方位有形煞會怎麼樣，請對照看看

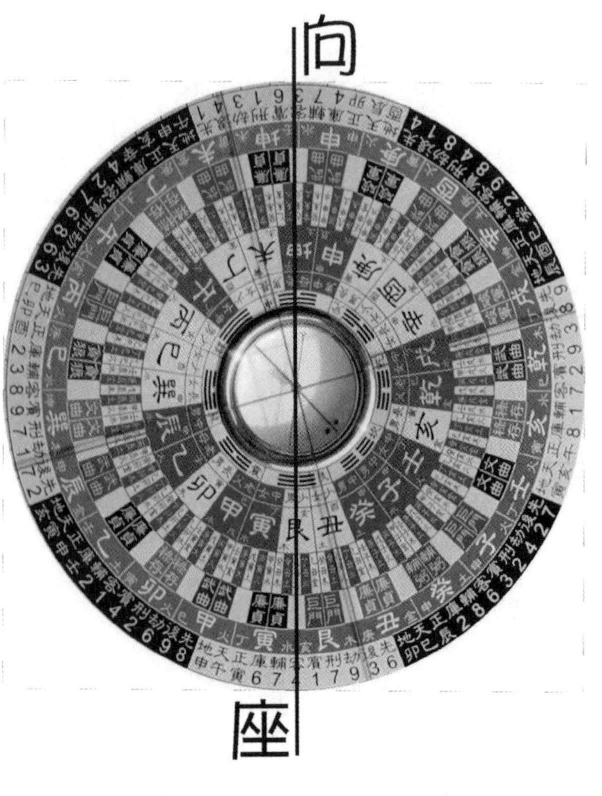

艮卦局：丑山未向、艮山坤向、寅山申向（統稱艮山坤向）。

↑出水
↑出水
↓來水
←來水
←出水
來水↑
天劫
水宜出 不宜來
案劫 水宜出
地刑 輔卦
來水吉 出水兇
未 坤 申 庚 酉 辛 戌 乾 亥 壬 子 癸 丑 艮 寅 甲 卯 乙 辰 巽 巳 丙 午 丁
地曜 正煞
天曜
庫池
正曜
先天
來水吉 出水兇
客位
水宜出 不宜來
賓位
水宜出 不宜來
後天
來水吉 出水兇
坐山
艮卦

各卦位吉凶解說：

1、坐山：（艮卦—東北方）

坐山曜煞方忌大樹、電線桿、古井、大石、煙囪、古松、路沖、屋角，剋應車禍、血光、癌症、損丁、破財、出狂人、開刀。

2、後天位：（震卦—東方）

水流出者主敗財、跑路、重妻。

水由離卦流向卯，乃是消亡敗絕水。

3、客位：（巽卦—東南方）

水來發女口，本姓冷退。

宅論房客大發財、客人好，主人較不好之局。

4、天劫位：（離卦—南方）

水來主頭痛，多病不安（藥碗水）。

水來流入震方，主絕嗣。

水來流入乾方，主婦人淫亂、叛離、男貪淫。

丙午方水朝來，主意外血光。

5、案劫位、中天位：（坤卦—西南方）

水聚天心主大發。

正竅位出水口阻塞主家人有眼疾。

有大石、古井、屋角、石堆，主意外血光、損人丁；輕者多病之應。

6、地刑位、輔卦位：（兌卦—西方）

水聚天心主大發。

有屋角、電柱、水塔、凶物逼近沖射，太歲吊沖、填實，必應官非訴訟、財敗。重者主應心亂如麻、居家不安。

7、先天位、庫池位：（乾卦—西北方）

有聚水愈深，財庫愈旺，要澄清近穴。

出水主損丁、破財。

8、賓位：（坎卦—北方）

來水發女口、蔭外家，本枝姓冷退敗。

9、曜煞位：（寅、午、申方）

曜煞位最忌門路沖射、屋角、屋脊、電線桿、水塔、高牆欄杆、大石土堆、煙囪、大樹、水路、電塔、尖角，應驗損丁、血光、破財、男女狂癲、吐血癆疾、無恥之徒、藥碗不斷等等。

第三節 屋宅為——震——宅，各方位有形煞會怎麼樣，請對照看看

震卦局：甲山庚向、卯山酉向、乙山辛向（統稱震山兌向）。

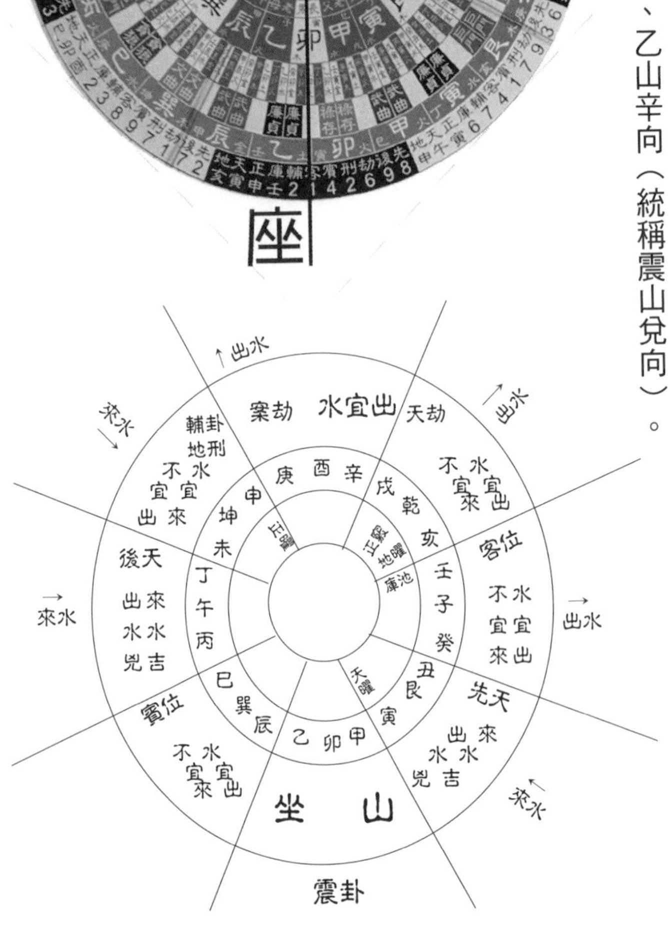

各卦位吉凶解說：

1、**坐山：（震卦—東方）**

坐山忌水沖、路沖、尖逼、屋角、牆角、石堆，主應車禍、血光、損丁、破財、吐血、出狂人。

2、**賓位：（巽卦—東南方）**

來水發女口、蔭外家，本枝姓冷退敗。

3、**後天位：（離卦—南方）**

水流出者主敗財、跑路、重妻。

4、**地刑位、輔卦位：（坤卦—西南方）**

有屋角、牆角、電柱、水塔、煙囪、石井、欄杆、出水，主應車禍、血光、官訟、損丁、損財。

申方為正曜，有形煞主應車禍、血光；有枯樹主應生怪病。

申方有水來主應出狂人，男犯桃花。

5、**案劫位：（兌卦—西方）**

左右方有古松樹，主應犯怪病、陰症、多病之慮。

有電柱、屋角、牆角，運到主損丁。

酉方有水來，主見血光，女淫亂叛離。

6、天劫位、中天位：（乾卦—西北方）

天劫水來破後天，主冷丁、散財、消亡敗絕。

有古松主得陰症，樹木高大茂盛主多病。

戌方有來水或路沖，主男人血光、意外。

中天位水宜出不宜入，正竅位出水口阻塞，主家人有眼疾。

7、庫池位：（壬方）

有聚水愈深，財庫愈旺，要澄清近穴。

8、客位：（坎卦—北方）

水來發女口，本姓冷退。

宅論房客大發財、客人好，主人較不好之局。

9、先天位：（艮卦—東北方）

出水主損丁、破財。

10、曜煞位：（申、寅、亥方）

曜煞位最忌門路沖射、屋角、屋脊、電線桿、水塔、高牆欄杆、大石土堆、煙囪、大樹、水路、電塔、尖角，應驗損丁、血光、破財、男女狂癲、吐血癆疾、無恥之徒、藥碗不斷等等。

第四節 屋宅為——巽——宅，各方位有形煞會怎麼樣，請對照看看

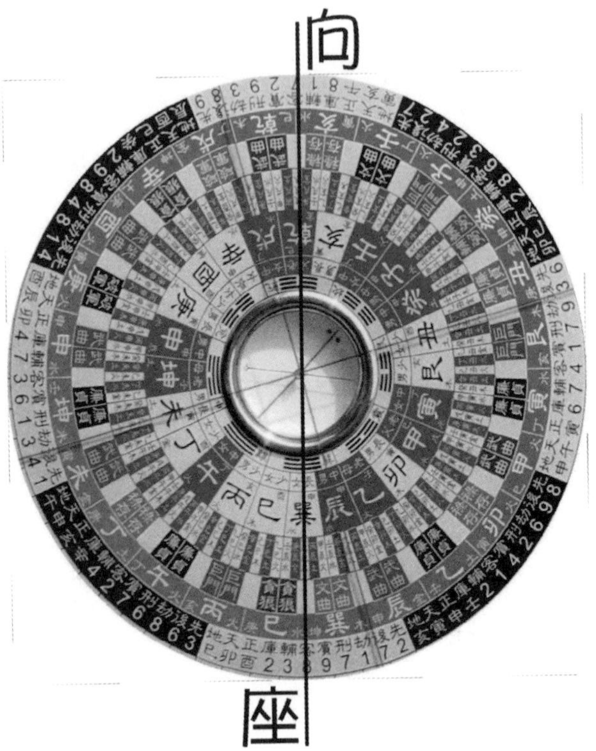

巽卦局：辰山戌向、巽山乾向、巳山亥向（統稱巽山乾向）。

向

座

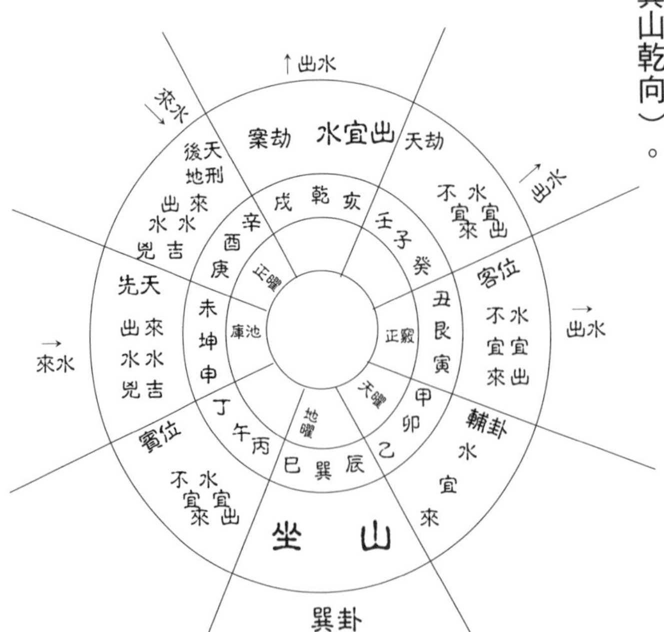

各卦位吉凶解說：

1、**坐山：（巽卦—東南方）**

有電柱、高山壓迫、路沖、凹陷，主家中不安寧，小心女人身體。

巳方地曜有大樹，主出狂人。

內局水流庚酉，主婦人經血之病。

2、**賓位：（離卦—南方）**

來水發女口、蔭外家，本枝姓冷退敗。

地物不可太逼，主應傷主人，居家不安寧。

3、**先天位、庫池位：（坤卦—西南方）**

流破先天主損丁、破財。

坤方山宜豐滿潤秀，破碎剝離主敗絕、冷退。

4、**後天位、地刑位：（兌卦—西方）**

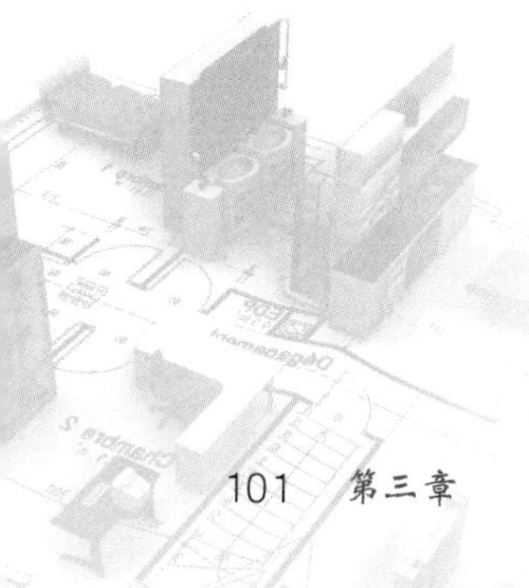

流破後天、太歲刑沖，主損妻、損財，輕者婦女病、藥碗不斷。

不可有屋角直射或電柱、水塔、大石等凶物逼近。

陽宅不可開在此卦，主應不聚財。

酉方正曜有大樹，主出狂人。

5、案劫位：（乾卦—西北方）

明堂附近有屋角、樹木高壓主多病；忌大石、牆角、地運到來主意外之災。

地物不可太逼，主應傷主人，居家不安寧。

戌方有來水或路沖，主應意外之災。

6、天劫位：（坎卦—北方）

收天劫而流破先天居（坤方）或後天（兌方），主應消亡敗絕、孤寡冷丁之悲局。

水來主藥碗水；癸水、丑水為毒藥水，主吸毒、自殺。

有古松、樹木，主犯陰症、暗疾。

屋角、牆角沖射，電柱、橋箭、尖角煞氣沖入，年運到會有車禍、血光。

7、客位、中天位：（艮卦—東北方）

艮方有水上堂，主多生女。

來水由兌方後天位出水，主重妻損人口。

中天位水宜出不宜入，正竅位出水口阻塞，主家人有眼疾。

8、輔卦位：（震卦—東方）

卯方天曜有大樹，主出狂人。

9、曜煞位：（酉、卯、巳方）

曜煞位最忌門路沖射、屋角、屋脊、電線桿、水塔、高牆欄杆、大石土堆、煙囪、大樹、水路、電塔、尖角，應驗損丁、血光、破財、男女狂癲、吐血癆疾、無恥之徒、藥碗不斷等等。

第五節 屋宅為——離——宅，各方位有形煞會怎麼樣，請對照看看

離卦局：丙山壬向、午山子向、丁山癸向（統稱離山坎向）。

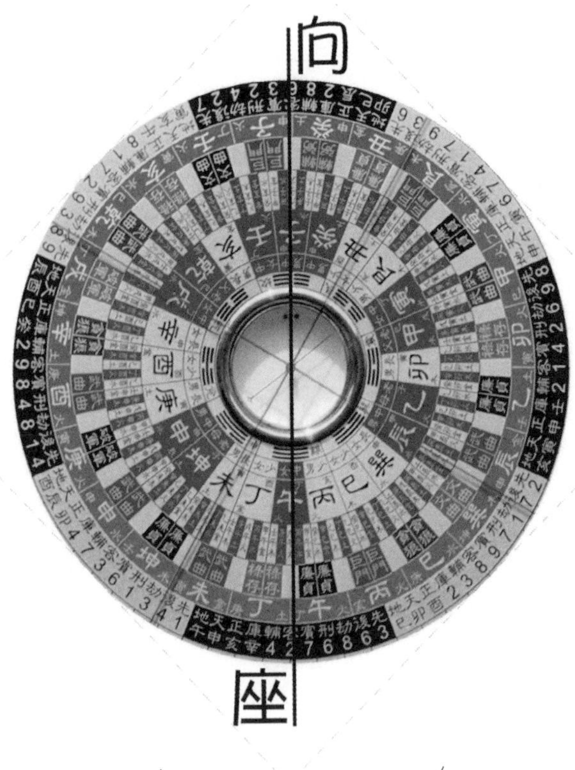

各卦位吉凶解說：

1、坐山：（離卦—南方）

有枯木，主傷筋骨。

有凹陷，對女人不利（婦女病）。

2、客位：（坤卦—西南方）

水來發女口，本姓冷退。

宅論房客大發財、客人好，主人較不好之局。

3、賓位：（兌卦—西方）

來水發女口、蔭外家，本枝姓冷退敗。

地物不可太逼，主應傷主人，居家不安寧。

4、後天位、地刑位：（乾卦—西北方）

亥方有水路沖，有牆角、電柱、煙囪、填實吊沖，主車禍血光、官訟、損丁。

收來水流入潭池、大湖，主財源滾滾。

水流出，主敗財、居家不安、損妻，輕者婦女經血病不斷。

5、案劫位：（坎卦—北方）

明堂前雜亂，主易生怪病，大小不安寧，為人無情無義。

癸方來水，人事不和、財敗、毒藥致死。

子方來水，主桃花。

6、天劫位：（艮卦—東北方）

屋角、牆角、電柱、煙囪、水塔、尖物侵射，主車禍、血光、損丁、破財。

有古松樹林，主吃藥不停、頭痛失眠、小病不斷、暗疾。

丑方來水為毒藥水。

艮方有深坑，主眼疾、破財立見。

7、先天位：（震卦—東方）

流破先天水，主消亡敗絕、損丁、孤寡、冷丁之悲局。

8、輔卦位：（巽卦—東南方）

有聚潭池，主大發。

9、中天位：（正辛）

中天位水宜出不宜入，正竅位出水口阻塞，主家人有眼疾。

10、曜煞位：（亥、申、午方）

曜煞位最忌門路沖射、屋角、屋脊、電線桿、水塔、高牆欄杆、大石土堆、煙囪、大樹、水路、電塔、尖角，應驗損丁、血光、破財、男女狂癲、吐血癆疾、無恥之徒、藥碗不斷等等。

第六節 屋宅為—坤—宅，各方位有形煞會怎麼樣，請對照看看

坤卦局：未山丑向、坤山艮向、申山寅向（統稱坤山艮向）。

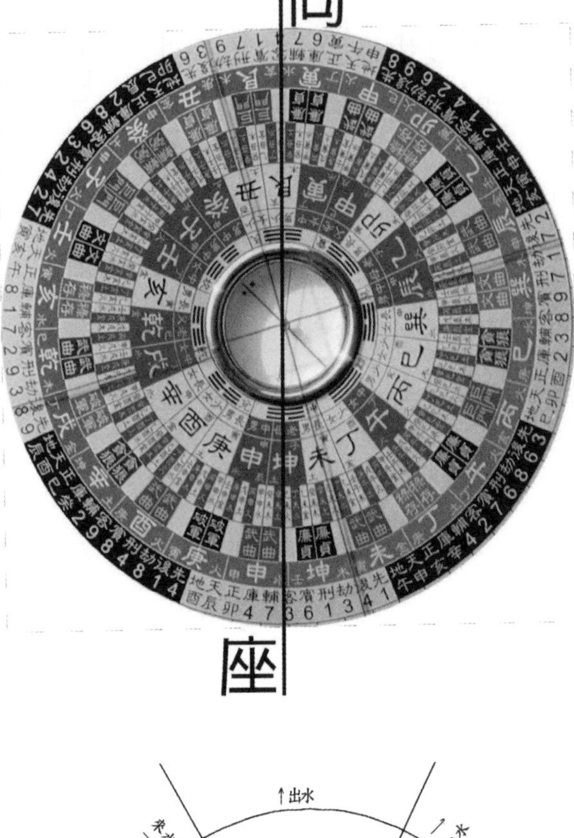

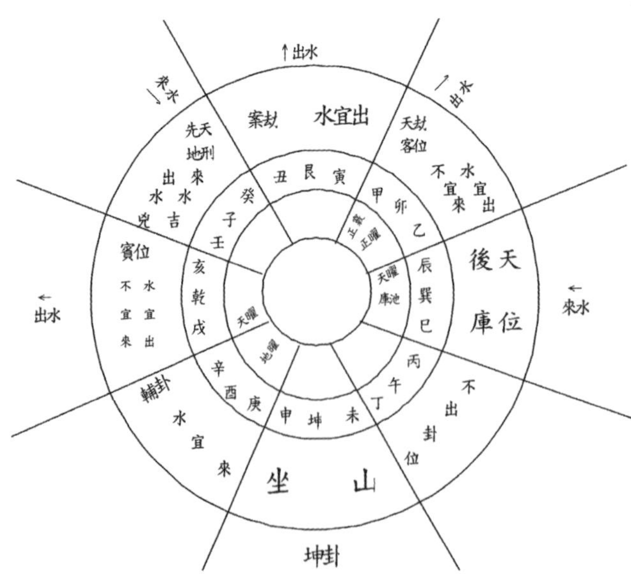

各卦位吉凶解說：

1、坐山：（坤卦—西南方）

不可有凹陷、水井、古木、大石，主應子孫不安寧、對女人身體不利。

2、輔卦位：（兌卦—西方）

有聚潭池主大發。

西方地曜有水路、屋角、大石、電柱、煙囪、古井、古松、井欄，侵射重者，主應車禍血光、癌病損丁；輕者破財、出狂人、見病就要開刀。

3、賓位：（乾卦—西北方）

乾方、亥方水來，主駝背殘疾。

來水發女口、蔭外家，本枝姓冷退敗。

地物不可太逼，主應傷主人，居家不安寧。

4、先天位、地刑位：（坎卦—北方）

沖此局主傷婦女身、官訟是非。

來水朝堂旺人丁，去水流破則損丁。

5、案劫位：（艮卦—東北方）

丑方來水為毒藥水。

艮方有深坑，主眼疾、破財立見。

艮方水沖堂前，主意外之災，重者男女少年亡。

6、天劫位、客位（震卦—東方）

收天劫水，必犯孤寡、冷丁之悲局。

甲水正竅位宜出水，來水主應捧藥碗。

卯方正曜來水或有古樹，主出狂人、藥碗水。

水來發女口，本姓冷退。

宅論房客大發財、客人好，主人較不好之局。

7、後天位、庫池位：（巽卦—東南方）

收來水過堂則財旺，去水流破必有損財之應。

庫池位聚水愈深，財庫愈旺，最適宜澄清近穴。

8、中天位：（正甲）

中天位水宜出不宜入，正竅位出水口阻塞，主家人有眼疾。

9、曜煞位：（卯、辰、戌、酉方）

曜煞位最忌門路沖射、屋角、屋脊、電線桿、水塔、高牆欄杆、大石土堆、煙囪、大樹、水路、電塔、尖角，應驗損丁、血光、破財、男女狂癲、吐血癆疾、無恥之徒、藥碗不斷等等。

第七節 屋宅為「兌」宅，各方位有形煞會怎麼樣，請對照看看

兌卦局：庚山甲向、酉山卯向、辛山乙向（統稱兌山震向）。

向

座

出水宜 劫案
天劫 賓位
先天 地刑
水宜不 出宜來
來水 出水兇吉
客位
水宜不 出宜來
天後
來水出 水吉兇
輔卦
水宜來
不出卦位
坐山
兌卦

各卦位吉凶解說：

1、坐山：（兌卦—西方）

不可有凹陷，主應子孫不安寧、對女人身體不利。

2、後天位：（坎卦—北方）

水流入子方，主婦人經血不順。

收來水過堂則財旺，去水流破必有損財之應。

3、天劫位、賓位：（艮卦—東北方）

丑方來水為毒藥水，此方水宜出不宜來。

艮方有深坑，主眼疾、破財立見。

有枯木、枯樹，主生怪病。

有屋角、電柱、煙囪、水塔、尖物侵射，主車禍、血光、死亡、損丁，輕者頭痛、心神不定。

4、案劫位：（震卦—東方）

有水聚天心者，主富貴雙全、科甲聯登。

卯方來水，男主夭壽見血光，女主淫亂。

卯方水流入子方，女人淫亂、叛離。

5、先天位、地刑位：（巽卦—東南方）

流破先天損人丁。

有潭池流入主吉。

水流出巽位，損幼丁、長女大凶。

辰方地曜、巳方正曜有水來或路沖，易有意外之災。

6、客位：（離卦—南方）

出離水賓客水宜出不宜來，來者旺女口，蔭外家姓子孫及租屋之賓客。

7、輔卦位：（坤卦—西南方）

有聚潭池主大發。

8、中天位：（正甲）

中天位水宜出不宜入，正竅位出水口阻塞，主家人有眼疾。

9、曜煞位：（巳、酉、辰、戌方）

曜煞位最忌門路沖射、屋角、屋脊、電線桿、水塔、高牆欄杆、大石土堆、煙囪、大樹、水路、電塔、尖角，應驗損丁、血光、破財、男女狂癲、吐血癆疾、無恥之徒、藥碗不斷等等。

第八節 屋宅為—乾—宅，各方位有形煞會怎麼樣，請對照看看

乾卦局：戌山辰向、乾山巽向、亥山巳向（統稱乾山巽向）。

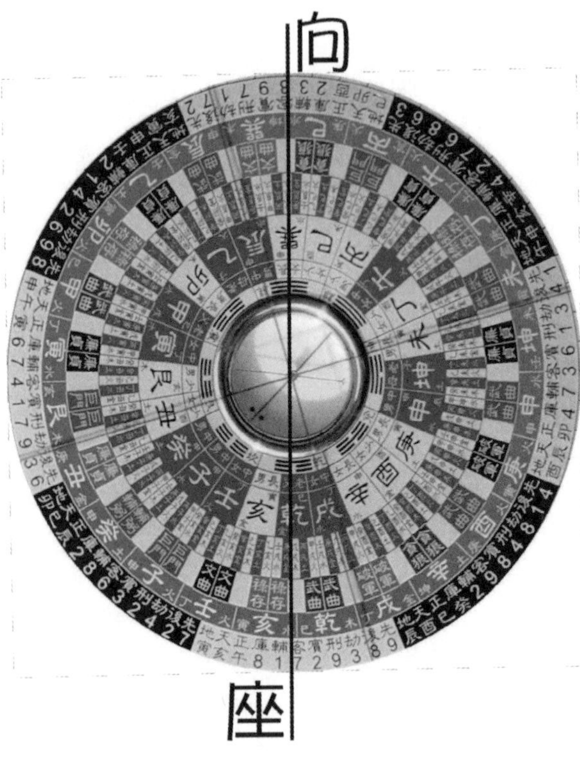

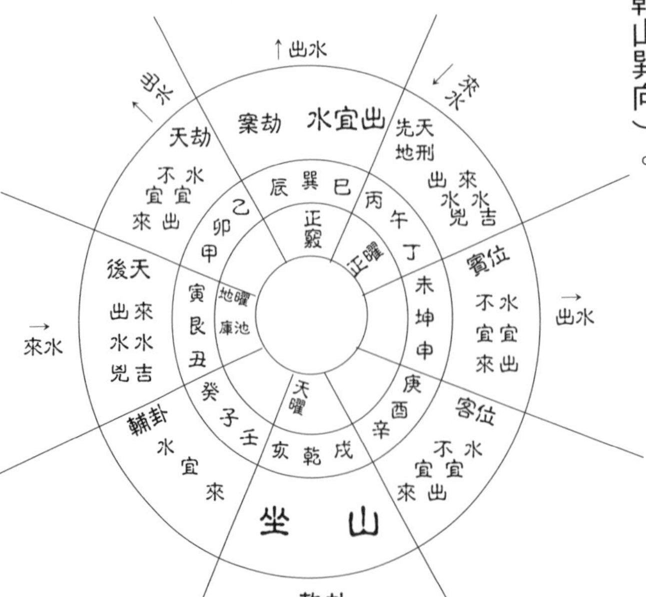

各卦位吉凶解說：

1、**坐山：（乾卦—西北方）**

忌古木、水井、大石、凹陷，主應居家不安寧。

2、**輔卦位：（坎卦—北方）**

宜聚埤、池水。

3、**後天位、庫池位：（艮卦—東北方）**

有聚水愈深，財庫愈旺，要澄清近穴。

收來水過堂則財旺，去水流破必有損財之應。

4、**天劫位：（震卦—東方）**

收天劫水（藥碗水），主家中常有臥病之人。

屋角、電柱、大樹、水塔、橋箭沖射，地運來必見血光，主應車禍、夭折、退敗。

5、案劫位、中天位：（巽卦—東南方）

屋角、大石、古井、枯木、古松侵射，主損幼丁、車禍、血光、意外、敗絕。

中天位水宜出不宜入，正竅位出水口阻塞，主家人有眼疾。

6、先天位、地刑位：（離卦—南方）

不可有電柱、水塔、屋角等沖射。

流破先天水，主損丁。

地運來應主官訟、生病。

7、賓位：（坤卦—西南方）

水來發女口、本姓冷退。

收艮方來水流向坤方，主旺丁旺財。

8、客位：（兌卦—西方）

水來發女口、蔭外家子孫、本姓易退敗。

9、曜煞位：（午、亥、寅方）

曜煞位最忌門路沖射、屋角、屋脊、電線桿、水塔、高牆欄杆、大石土堆、煙囪、大樹、水路、電塔、尖角，應驗損丁、血光、破財、男女狂癲、吐血癆疾、無恥之徒、藥碗不斷等等。

第四章
陽宅開門實務之
吉凶論斷

大門為住宅之出入口，如同人的嘴巴，乃是言語與萬物造化之門，賞罰與是非之所聚。大門為納氣之口，氣由平地起，隨門而入，吉位所納之氣，宅內必然形成好的氣場，一家人健康平安。若立門為凶，宅內氣場就會混濁雜亂，運勢多舛，衰敗滅絕。建造陽宅首先考慮立門，而後立向，是故地理書云：「寧為人家造十墳，不為人家立一門。」可見每日出入之大門，對宅內居住之人，是何等的重要。

第一節 屋宅開門開運大法

一間陽宅的好壞，內外布局及形煞關係甚鉅，注意的事項也非常多，不過「門」為納氣口，乃是每天出入必經之所，是故其重要性就不言可喻了。龍門八大局有其開門忌諱的地方，每種坐向之宅都有其不可開錯門的忌諱。

如檔案所示，八個卦位在羅盤最後一圈就是直接標示出乾坤國寶十一個方位的功能特性。

【1——北方】、【2——西南方】、【3——東方】、【4——東南方】、【6——西北方】、【7——西方】、【8——東北方】、【9——南方】。

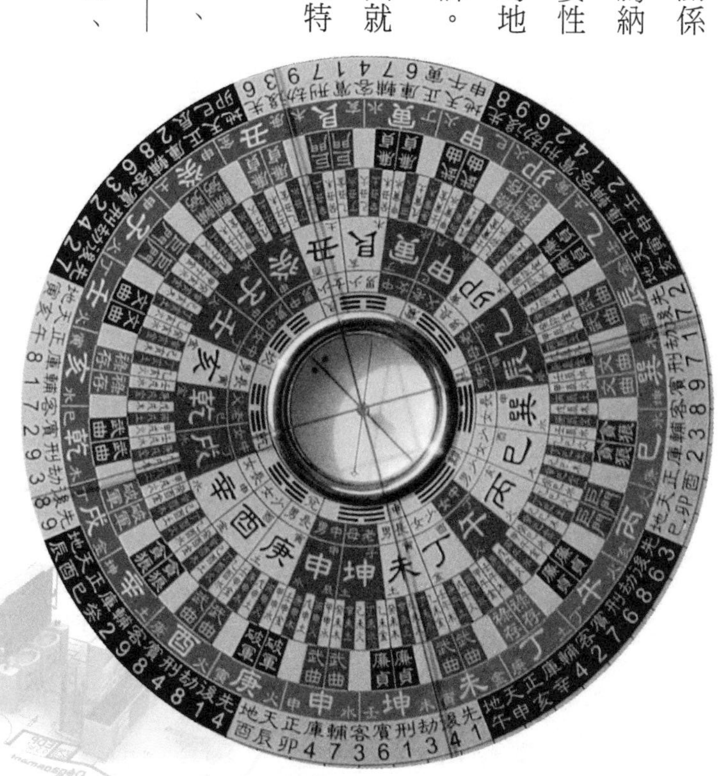

【先——先天位】、【後——後天位】、【劫——天劫位】、【刑——地刑位】、【賓——賓位】、【客——客位】、【輔——輔卦位】、【庫——庫池位】、【正——正曜】、【天——天曜】、【地——地曜】。

不可開門的位置（含前、後、側、房門），蓋因在以下方位開門會有凶禍之應。

1、先天位：

若犯：

(1)．開門會損丁，懷孕當年會發生流產或生產不順，若是懷孕再搬進去住者，其小孩於十六歲之前難養育且叛逆性強。

(2)．財敗。

(3)．生理病痛。

2、後天位：

若犯：

(1)．開門損妻財。

(2)．生理病痛（女生），生產見血光、生產不順、經期疼痛。

3、正曜方：

若犯：

(1)．開門會出癲人（作家、藝術家、地理師、道士、和尚等專門人士）。

(2)．生理病痛，依填實、吊沖論斷發生時間。

(3)．財敗。

4、天曜方：

若犯一曜煞則常常吃藥，犯二曜煞則神經錯亂、躁鬱難安，犯三曜煞則出狂癲之人。

5、地曜方：

若犯一曜煞則常常吃藥，犯二曜煞則神經錯亂、躁鬱難安，犯三曜煞則出狂癲之人。

6、艮寅門：

此為「小人之門」，任何卦位均不能開。

若犯：

(1)．小人是非、劫財。

(2)．官非訴訟、口舌是非、宅內人事失和不得安寧。

PS：

(1)．開門要優先選地支位開門（所謂門向地中行的意思）。

(2)．請自行觀察後，是否有不該開門的現象，若有符合則要尋求改善之道！

可安放羅盤、五帝錢、銅鈴、招財化煞財神袋，予以開運化煞。

第二節 屋宅為—乾—宅，開哪些門會損丁、敗財、躁鬱、長期吃藥呢？

房子門開在—丑艮寅、亥、丙午丁—方，如果門是開在下圖劃圈圈處則代表是不佳之門，宜求改善之道，如不是開在圈圈之處則表示為平安之宅。

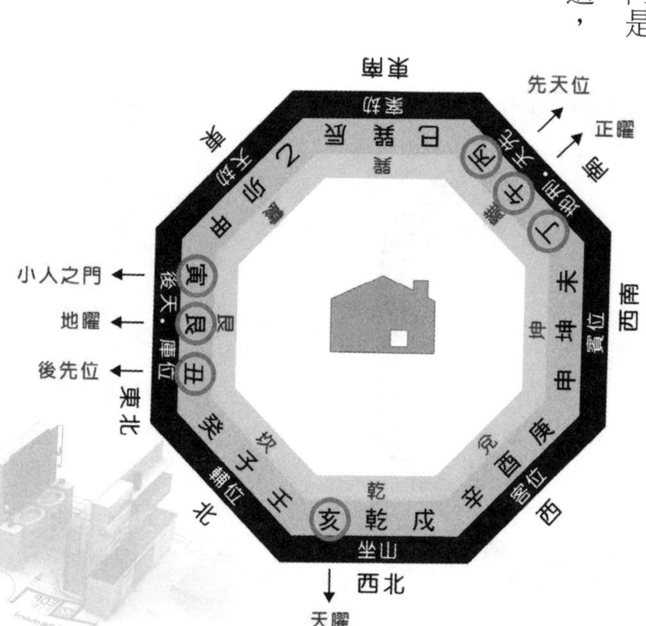

第三節

屋宅為──坎──宅，開哪些門會損丁、敗財、躁鬱、長期吃藥呢？

房子門開在──未坤申、庚酉辛、艮寅、辰戌、巳、卯──方，如果門是開在下圖劃圈圈處則代表是不佳之門，宜求改善之道，如不是開在圈圈之處則表示為平安之宅。

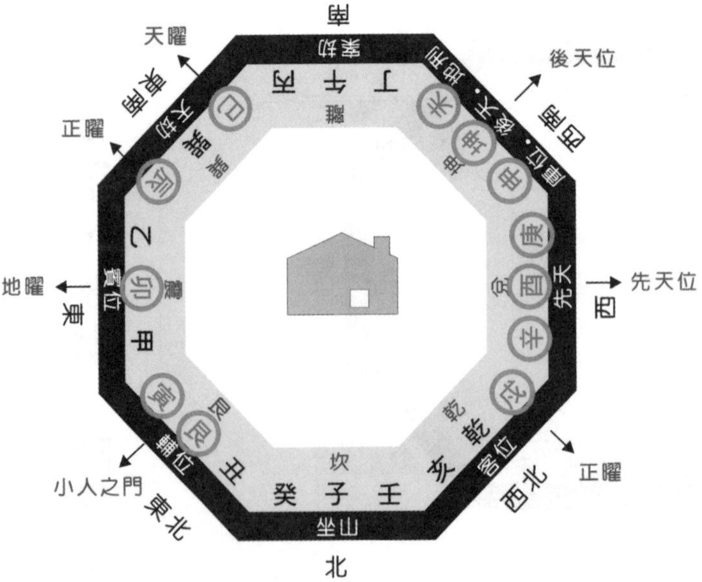

第四節 屋宅為「艮」宅，開哪些門會損丁、敗財、躁鬱、長期吃藥呢？

房子門開在「戌乾亥、甲卯乙、艮寅、午、申」方，如果門是開在下圖劃圈圈處則代表是不佳之門，宜求改善之道，如不是開在圈圈之處則表示為平安之宅。

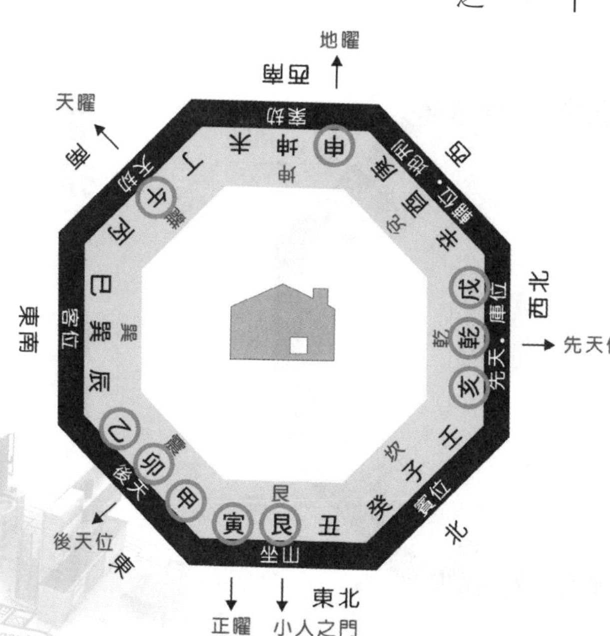

第五節 屋宅為「震」宅，開哪些門會損丁、敗財、躁鬱、長期吃藥呢？

房子門開在「丑艮寅、丙午丁、申、亥」方，如果門是開在下圖劃圈圈處則代表是不佳之門，宜求改善之道，如不是開在圈圈之處則表示為平安之宅。

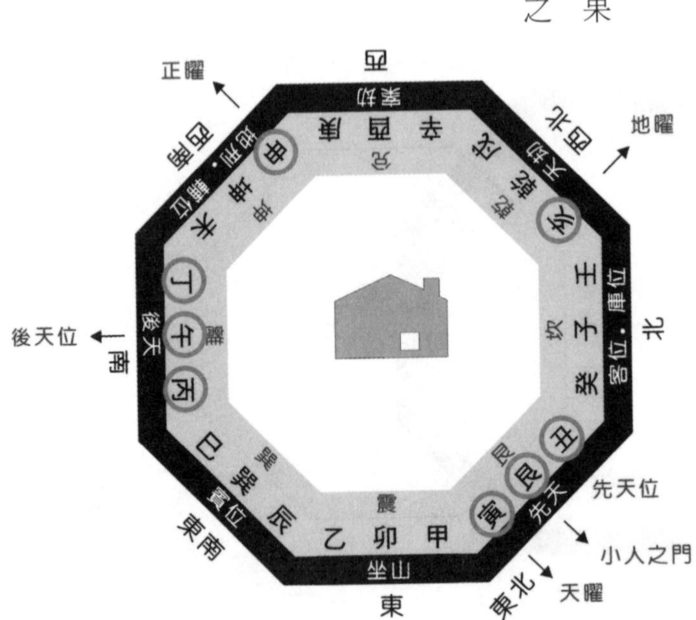

第六節 屋宅為「巽」宅，開哪些門會損丁、敗財、躁鬱、長期吃藥呢？

房子門開在「未坤申、庚酉辛、艮寅、卯、巳」方，如果門是開在下圖劃圈圈處則代表是不佳之門，宜求改善之道，如不是開在圈圈之處則表示為平安之宅。

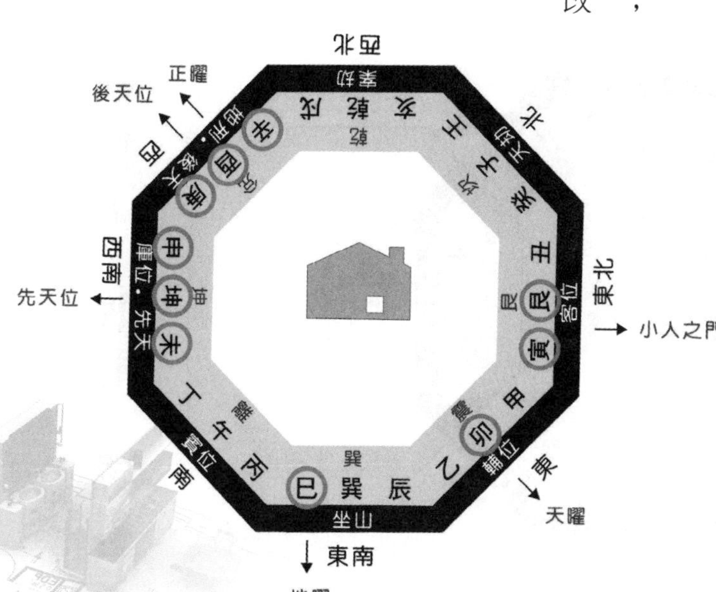

第七節

屋宅為「離」宅，開哪些門會損丁、敗財、躁鬱、長期吃藥呢？

房子門開在「甲卯乙、戌乾亥、艮寅、申、午」方，如果門是開在下圖劃圈圈處則代表是不佳之門，宜求改善之道，如不是開在圈圈之處則表示為平安之宅。

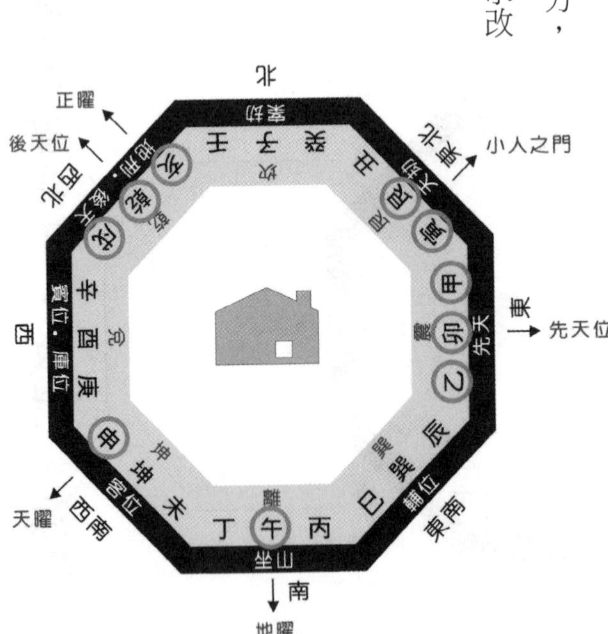

第八節 屋宅為「坤」宅，開哪些門會損丁、敗財、躁鬱、長期吃藥呢？

房子門開在「壬子癸、辰巽巳、艮寅、卯、戌、酉」方，如果門是開在下圖劃圈圈處則代表是不佳之門，宜求改善之道，如不是開在圈圈之處則表示為平安之宅。

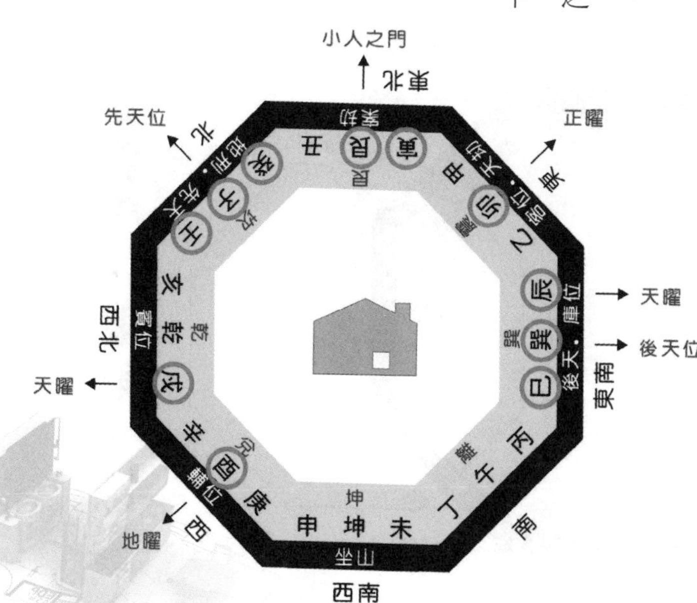

第九節 屋宅為「兌」宅，開哪些門會損丁、敗財、躁鬱、長期吃藥呢？

房子門開在「辰巽巳、壬子癸、艮寅、酉、戌」方，如果門是開在下圖劃圈圈處則代表是不佳之門，宜求改善之道，如不是開在圈圈之處則表示為平安之宅。

東 地曜 先天位 正曜 東南 南 西南 西 天曜 西北 地曜 北 後天位 東北 小人之門

甲 卯 乙 辰 巽 巳 丙 午 丁 未 坤 申 庚 酉 辛 戌 乾 亥 壬 子 癸 丑 艮 寅

第五章

龍門八局典型好格局

《先後天水得位局》

一間陽宅，如果收先天水及後天水過堂，並且由正竅中天位出水，這就是典型好格局《先後天水得位局》，主旺人丁與旺妻財的最佳格局。

第一節 屋宅為——乾——宅，從哪方位來的水可出優秀孩子及發大財呢？

坐戌乾亥向辰巽巳之正局，丙午丁（離卦）來水謂之收先天水，又丑艮寅（艮卦）來水謂之收後天水，水若來得長而去得遠則財丁興旺，又中天出水在巽、甲、乙口，為此坐向最妙之局也。

乾卦正局：戌山辰向、乾山巽向、亥山巳向（統稱乾山巽向）。

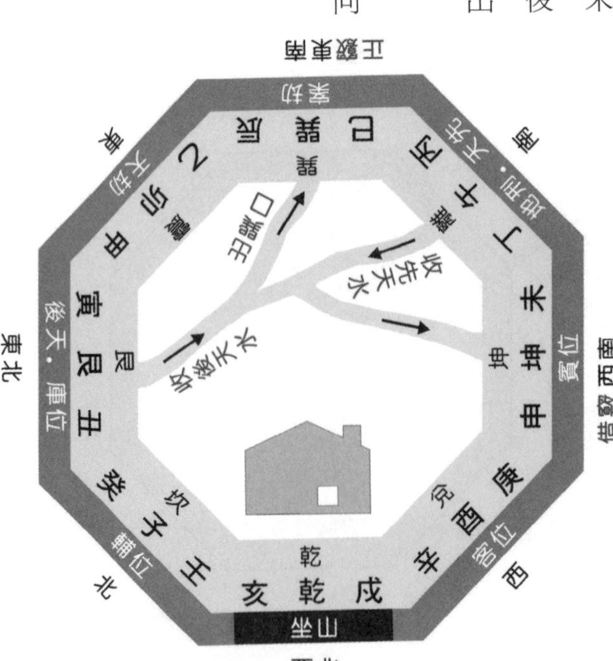

本表為各方位之水法簡介：

1—坎、2—坤、3—震、4—巽、6—乾、7—兌、8—艮、9—離

地	天	正	庫	輔	客	賓	刑	劫	後	先
寅	亥	午	8	1	7	2	9	3	8	9

先天：丙午丁　後天：丑艮寅　正竅：巽　中天：巽甲乙

天劫：甲卯乙　地刑：丙午丁　案劫：辰巽巳　賓位：未坤申

客位：庚酉辛　輔位：壬子癸　庫位：丑艮寅　曜煞：午亥寅

PS：請自行觀察後，看有沒有符合該局，來、去水的現象。如果有符合那恭喜您！如有流破的現象，則要尋求改善之道！

第二節 屋宅為「坎」宅，從哪方位來的水可出優秀孩子及發大財呢？

坐壬子癸向丙午丁之正局，庚酉辛（兌卦）來水謂之收先天水，又未坤申（坤卦）來水謂之收後天水，水若來得長而去得遠則財丁興旺，又中天出水在巽、丙、丁口，為此坐向最妙之局也。

坎卦：壬山丙向、子山午向、癸山丁向（統稱坎山離向）。

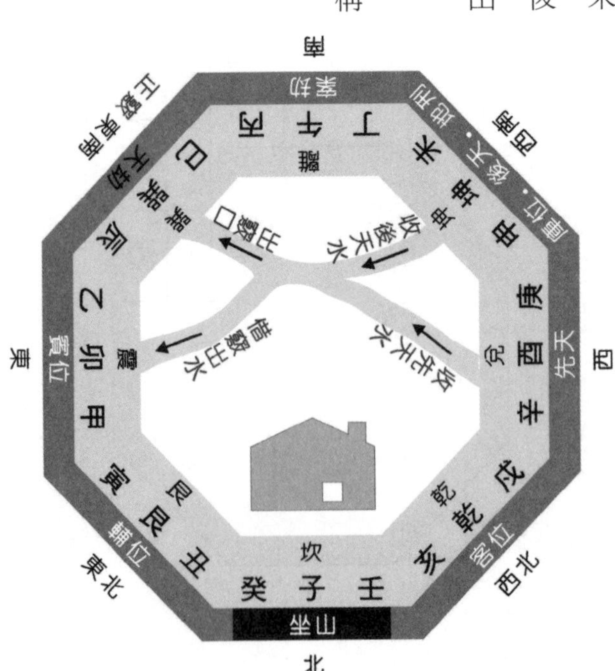

本表為各方位之水法簡介：

1—坎、2—坤、3—震、4—巽、6—乾、7—兌、8—艮、9—離

地天	正	庫	輔	客	賓	刑	劫	後	先
卯巳	辰戌	2	8	6	3	2	4	2	7

先天：庚酉辛　後天：未坤申　正竅：巽　中天：丙丁

天劫：辰巽巳　地刑：未坤申　案劫：丙午丁　賓位：甲卯乙

客位：戌乾亥　輔位：丑艮寅　庫位：未坤申　曜煞：辰戌巳卯

PS：請自行觀察後，看有沒有符合該局，來、去水的現象。如果有符合那恭喜您！如有流破的現象，則要尋求改善之道！

第三節 屋宅為「艮」宅，從哪方位來的水可出優秀孩子及發大財呢？

坐丑艮寅向未坤申之正局，戌乾亥（乾卦）來水謂之收先天水，又甲卯乙（震卦）來水謂之收後天水，水若來得長而去得遠則財丁興旺，又中天出水在坤、丙、丁口，為此坐向最妙之局也。

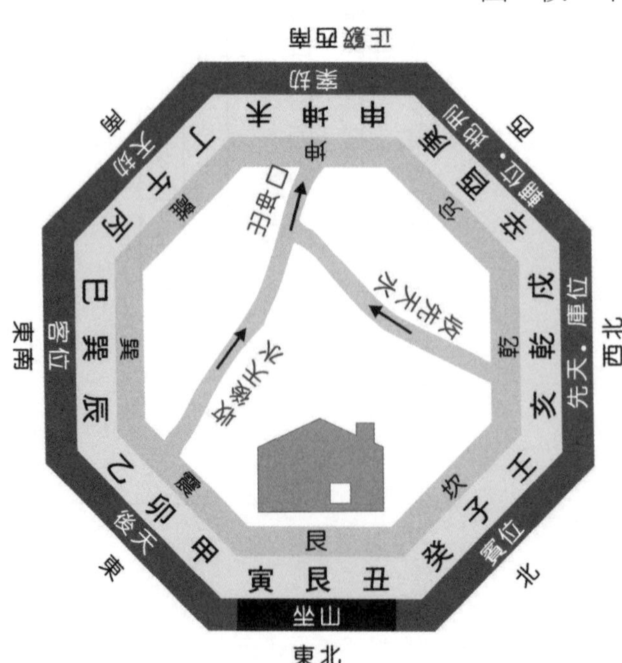

艮卦正局：丑山未向、艮山坤向、寅山申向（統稱艮山坤向）。

地	天	正	庫	輔	客	賓	刑	劫	後	先
申	午	寅	6	7	4	1	7	9	3	6

先天：戌乾亥　後天：甲卯乙　正竅：坤　中天：丙丁坤

天劫：丙午丁　地刑：庚酉辛　案劫：未坤申　賓位：壬子癸

客位：辰巽巳　輔位：庚酉辛　庫位：戌乾亥　曜煞：寅午申

PS：請自行觀察後，看有沒有符合該局，來、去水的現象。如果有符合那恭喜您！如有流破的現象，則要尋求改善之道！

第四節 屋宅為「震」宅，從哪方位來的水可出優秀孩子及發大財呢？

坐甲卯乙向庚酉辛之正局，丑艮寅（艮卦）來水謂之收先天水，又丙午丁（離卦）來水謂之收後天水，水若來得長而去得遠則財丁興旺，又中天出水在乾、庚、辛口，為此坐向最妙之局也。

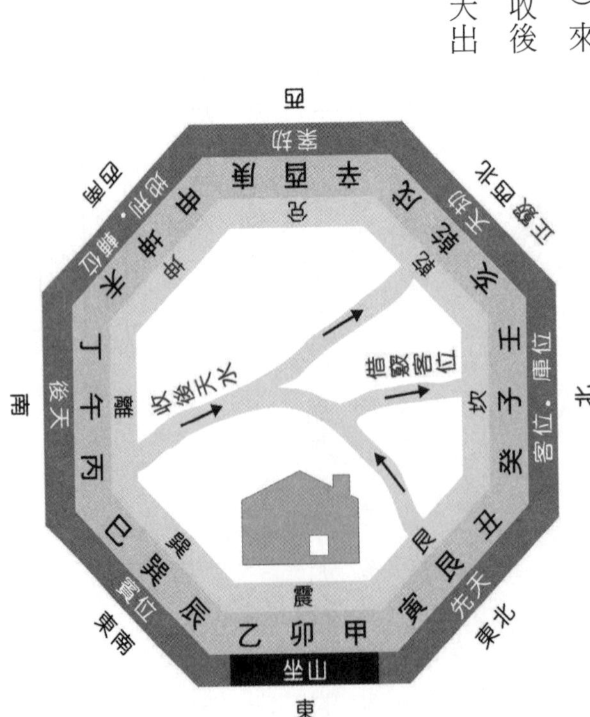

震卦正局：甲山庚向、卯山酉向、乙山辛向（統稱震山兌向）。

地	天	正	庫	輔	客	賓	刑	劫	後	先
亥	寅	申	壬	2	1	4	2	6	9	8

先天：丑艮寅　後天：丙午丁　正竅：乾　中天：乾庚辛

天劫：戌乾亥　地刑：未坤申　案劫：庚酉辛　賓位：辰巽巳

客位：壬子癸　輔位：未坤申　庫位：壬　曜煞：申寅亥

PS：請自行觀察後，看有沒有符合該局，來、去水的現象。如果有符合那恭喜您！如有流破的現象，則要尋求改善之道！

第五節 屋宅為——巽——宅，從哪方位來的水可出優秀孩子及發大財呢？

坐辰巽巳向戌乾亥之正局，未坤申（坤卦）來水謂之收先天水，又庚酉辛（兌卦）來水謂之收後天水，水若來得長而去得遠則財丁興旺，又中天出水在艮、壬、癸、乾口，為此坐向最妙之局也。

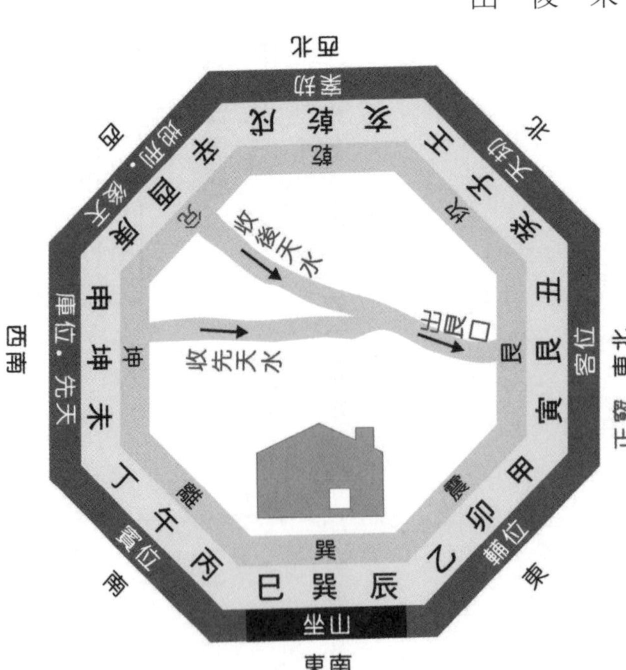

巽卦正局：辰山戌向、巽山乾向、巳山亥向（統稱巽山乾向）。

地	天	正	庫	輔	客	賓	刑	劫	後	先
巳	卯	酉	2	3	8	9	7	1	7	2

先天：未坤申　後天：庚酉辛　正竅：艮　中天：壬癸乾

天劫：壬子癸　地刑：庚酉辛　案劫：戌乾亥　賓位：丙午丁

客位：丑艮寅　輔位：甲卯乙　庫位：未坤申　曜煞：酉卯巳

PS：請自行觀察後，看有沒有符合該局，來、去水的現象。如果有符合那恭喜您！如有流破的現象，則要尋求改善之道！

第六節

屋宅為——離——宅，從哪方位來的水可出優秀孩子及發大財呢？

坐丙午丁向壬子癸之正局，甲卯乙（震卦）來水謂之收先天水，又戌乾亥（乾卦）來水謂之收後天水，水若來得長而去得遠則財丁興旺，又中天出水在辛、艮、壬、癸口，為此坐向最妙之局也。

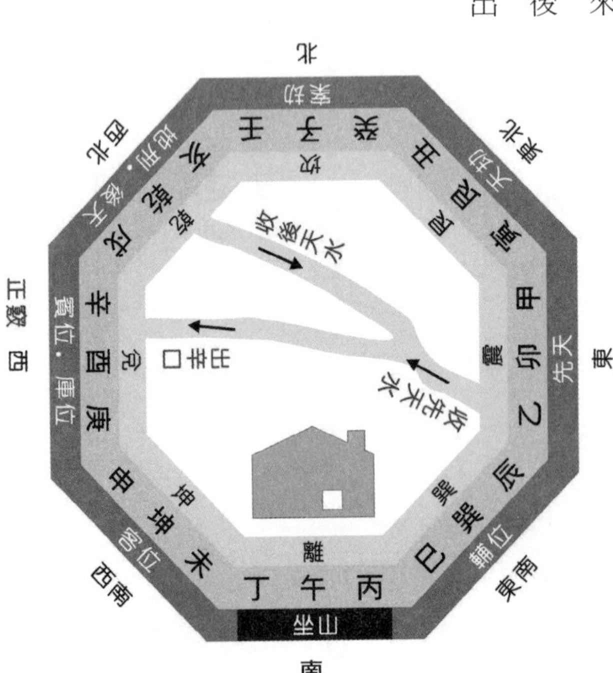

離卦正局：丙山壬向、午山子向、丁山癸向（統稱離山坎向）。

地	天	正	庫	輔	客	賓	刑	劫	後	先
午	申	亥	辛	4	2	7	6	8	6	3

先天：甲卯乙　後天：戌乾亥　正竅：辛　中天：艮壬癸

天劫：丑艮寅　地刑：戌乾亥　案劫：壬子癸　賓位：庚酉辛

客位：未坤申　輔位：辰巽巳　庫位：辛　曜煞：亥申午

PS：請自行觀察後，看有沒有符合該局，來、去水的現象。如果有符合那恭喜您！如有流破的現象，則要尋求改善之道！

第七節 屋宅為——坤——宅，從哪方位來的水可出優秀孩子及發大財呢？

坐未坤申向丑艮寅之正局，壬子癸（坎卦）來水謂之收先天水，又辰巽巳（巽卦）來水謂之收後天水，水若來得長而去得遠則財丁興旺，又中天出水在甲、乙、艮口，為此坐向最妙之局也。

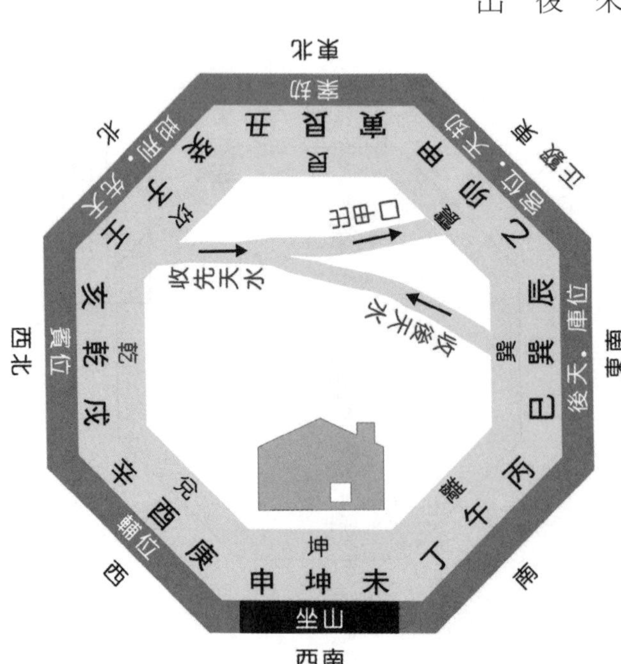

坤卦正局：未山丑向、坤山艮向、申山寅向（統稱坤山艮向）。

地	天	正	庫	輔	客	賓	刑	劫	後	先
酉	辰戌	卯	4	7	3	6	1	3	4	1

先天：壬子癸　後天：辰巽巳　正竅：甲　中天：甲乙艮

天劫：甲卯乙　地刑：壬子癸　案劫：丑艮寅　賓位：戌乾亥

客位：甲卯乙　輔位：庚酉辛　庫位：辰巽巳　曜煞：卯辰戌酉

PS：請自行觀察後，看有沒有符合該局，來、去水的現象。如果有符合那恭喜您！如有流破的現象，則要尋求改善之道！

第八節

屋宅為「兌」宅，從哪方位來的水可出優秀孩子及發大財呢？

坐庚酉辛向甲卯乙之正局，辰巽巳（巽卦）來水謂之收先天水，又壬子癸（坎卦）來水謂之收後天水，水若來得長而去得遠則財丁興旺，又中天出水在甲、艮、乙口，為此坐向最妙之局也。

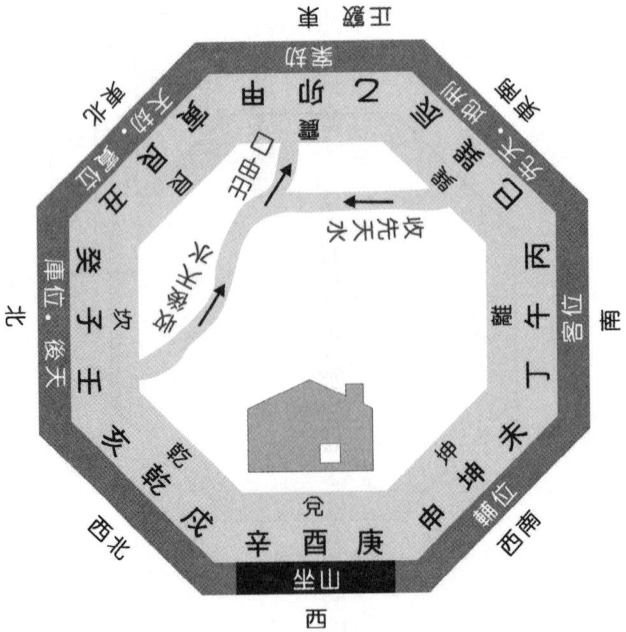

兌卦正局：庚山甲向、酉山卯向、辛山乙向（統稱兌山震向）。

地	天	正	庫	輔	客	賓	刑	劫	後	先
辰戌	酉	巳	癸	2	9	8	4	8	1	4

先天：辰巽巳　後天：壬子癸　正竅：甲　中天：艮乙

天劫：丑艮寅　地刑：辰巽巳　案劫：甲卯乙　賓位：丑艮寅

客位：丙午丁　輔位：未坤申　庫位：癸　曜煞：巳酉辰戌

PS：請自行觀察後，看有沒有符合該局，來、去水的現象。如果有符合那恭喜您！如有流破的現象，則要尋求改善之道！

第六章

龍門八局庫池水位吉凶論斷

如果您想得到一種有財庫滿滿格局之陽宅，那庫池位就很重要了，如果在宅的庫池位方有天然水池最佳，如果用人工造池方式當然也可。

各卦坐山，（庫↓庫池位）方位表：

坐山	坎	艮	震	巽	離	坤	兌	乾
庫池位	坤	乾	壬	坤	辛	巽	癸	艮

庫池位就是財庫位，為宅外之財庫，論財富之多寡，收放財銀之位。如此處為景觀池、魚池、噴水池、聚池之位，最適宜清澈靠近，近穴發達快，遠穴則慢，聚池愈深廣，財庫愈豐厚。

●診斷後：恭喜本宅符合庫池水的格局，那就表示一生中會有財有庫！

●診斷後：本宅並無明顯的庫池水的格局，所以不論庫池水之吉凶。

PS：請自行觀察後，看有沒有符合該局；如果有符合那恭喜您！若沒有，則要尋求其他催財之布局！

第一節

屋宅為乾宅，如果有庫池位就論財富多寡，可放財銀之位

如果在艮方（東北方）有一水池，就符合財庫滿滿之格局，但應注意出水方位是否正確，下圖就是財庫滿滿的示意圖。

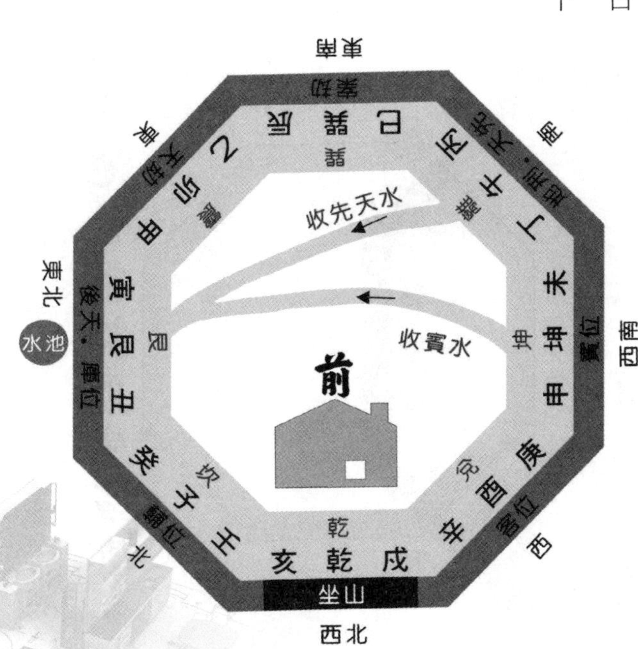

第二節

屋宅為「坎」宅，如果有庫池位就論財富多寡，可放財銀之位

如果在「坤」方（西南方）有一水池，就符合財庫滿滿之格局，但應注意出水方位是否正確，下圖就是財庫滿滿的示意圖。

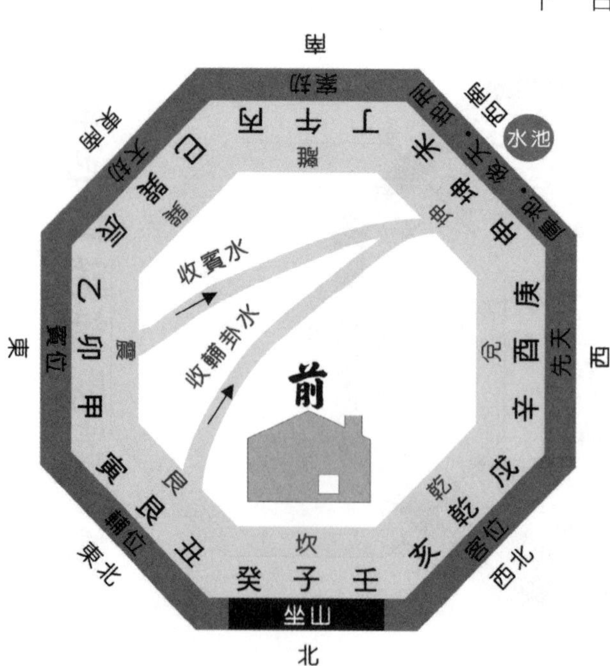

第三節
屋宅為—艮—宅，如果有庫池位就論財富多寡，可放財銀之位

如果在—乾—方（西北方）有一水池，就符合財庫滿滿之格局，但應注意出水方位是否正確，下圖就是財庫滿滿的示意圖。

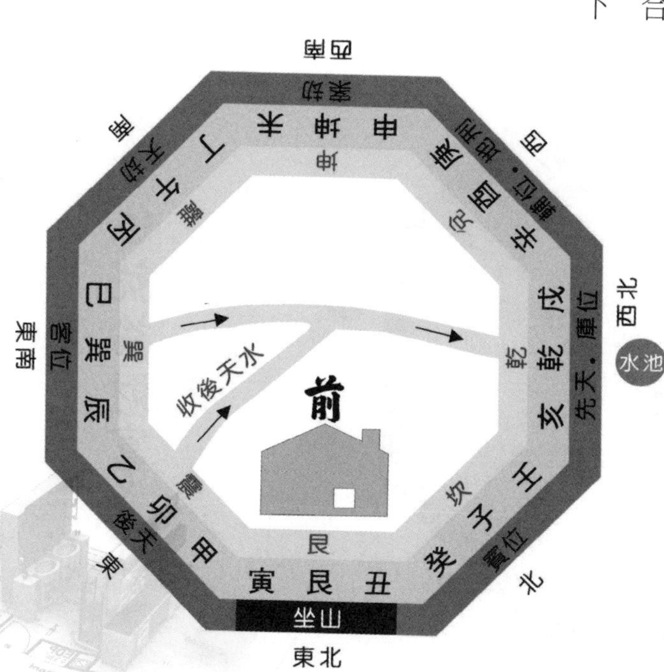

第四節 屋宅為「震」宅，如果有庫池位就論財富多寡，可放財銀之位

如果在「壬」方有一水池，就符合財庫滿滿之格局（如在子方或癸方就不符合），但應注意出水方位是否正確，下圖就是財庫滿滿的示意圖。

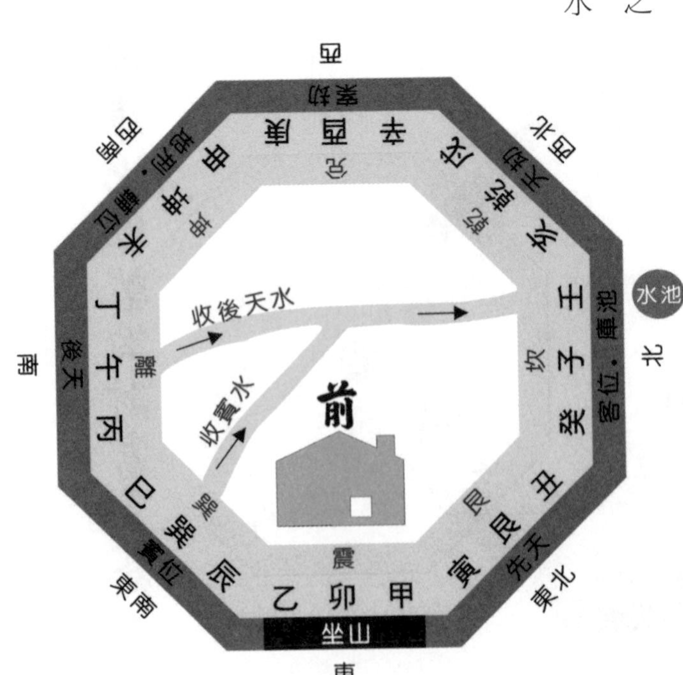

第五節
屋宅為「巽」宅，如果有庫池位就論財富多寡，可放財銀之位

如果在「坤」方（西南方）有一水池，就符合財庫滿滿之格局，但應注意出水方位是否正確，下圖就是財庫滿滿的示意圖。

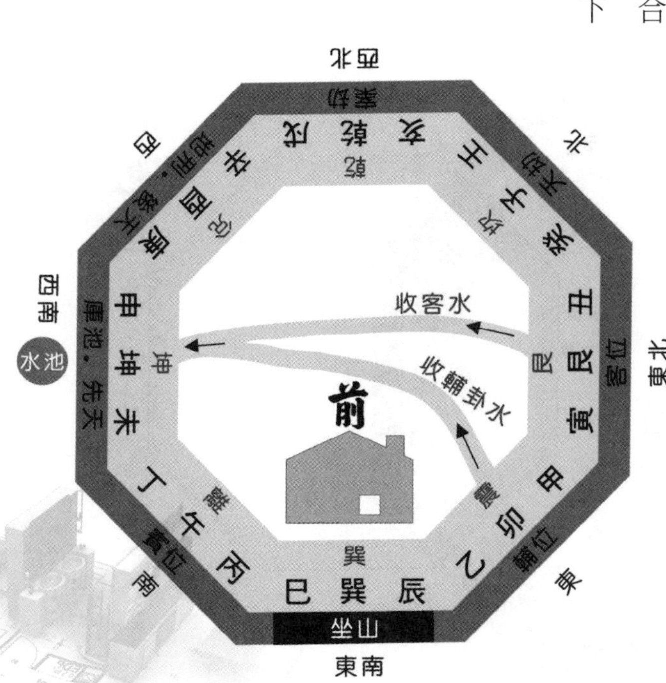

第六節 屋宅為—離—宅，如果有庫池位就論財富多寡，可放財銀之位

如果在—辛—方有一水池，就符合財庫滿滿之格局（如在酉方或庚方就不符合），但應注意出水方位是否正確，下圖就是財庫滿滿的示意圖。

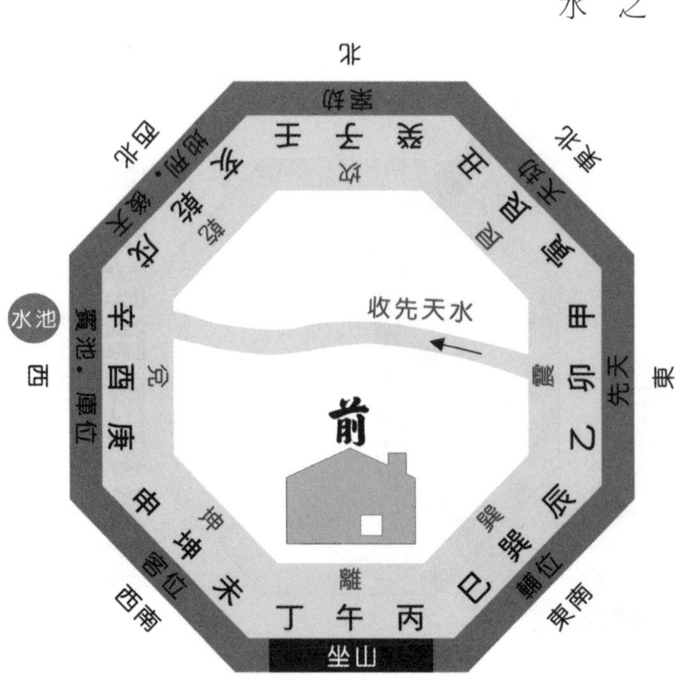

第七節

屋宅為「坤」宅，如果有庫池位就論財富多寡，可放財銀之位

如果在「巽」方（東南方）有一水池，就符合財庫滿滿之格局，但應注意出水方位是否正確，下圖就是財庫滿滿的示意圖。

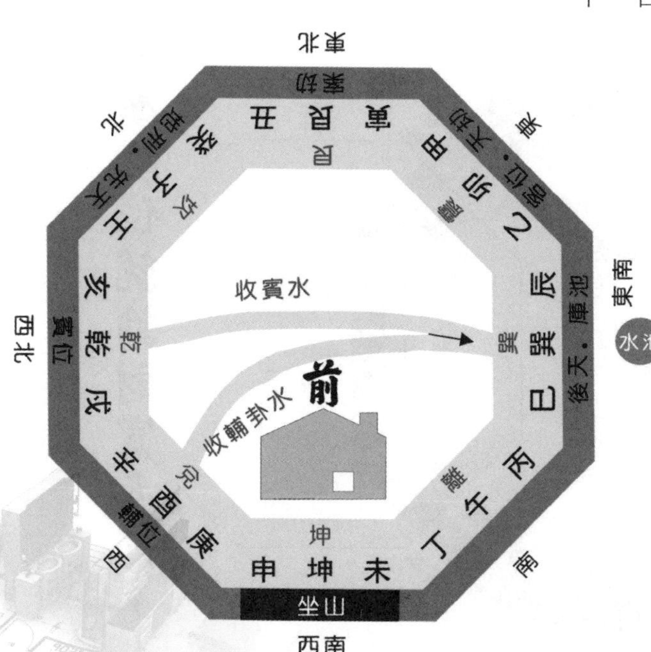

第八節 屋宅為「兌」宅，如果有庫池位就論財富多寡，可放財銀之位

如果在「癸」方有一水池，就符合財庫滿滿之格局（如在子方或壬方就不符合），但應注意出水方位是否正確，下圖就是財庫滿滿的示意圖。

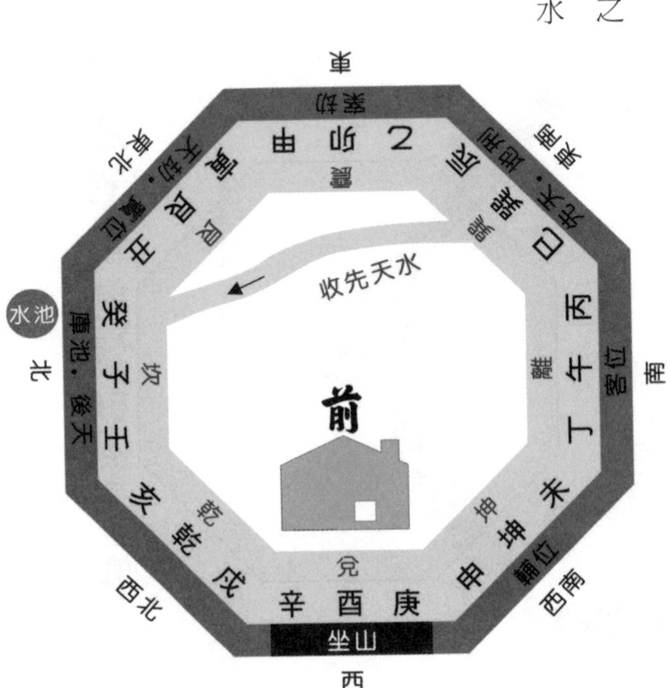

第七章 八曜煞吉凶論斷解說

如果您想得到一種平安格局的房屋，在陽宅周遭就不能存在任何的形煞，才能稱得上是平安局。如果在（正曜、天曜、地曜）處有形煞物，那就必須要注意可能會發凶。

各卦坐山，（正、天、地↓正曜、天曜、地曜）二十四山對應方位表：

坐山	坎	艮	震	巽	離	坤	兌	乾
正曜	辰	寅	申	酉	亥	卯	巳	午
天曜	巳	午	寅	卯	申	辰	酉	亥
地曜	卯	申	亥	巳	午	酉	辰	寅

曜煞是坐山之八卦五行，受到地支同陰陽之剋，為坐山本卦、先天卦、後天卦之官鬼爻，其歌訣曰：

坎龍坤兔震山猴，巽雞乾馬兑蛇頭；
艮虎離豬為曜煞，宅墓逢之立便休。

曜煞分為正曜、天曜、地曜，龍門八局以坐卦為基準，八煞取義於八卦五行。坐山八煞位，稱為「正曜煞」；先天卦八煞位，稱為「天曜煞」；後天卦八煞位，稱為「地曜煞」，三者合稱為「三曜煞」。

曜煞方所佔的區域方位以地支為主（十五度一個坐山），不同於前（四十五度一個卦山），所以範圍較小。

曜煞位最忌門路沖射、屋角、屋脊、電線桿、水塔、高牆欄杆、大石土堆、煙囪、大樹、水路、電塔、尖角，應驗損丁、血光、破財、男女狂癲、吐血癆疾、無恥之徒、藥碗不斷等等。若犯一曜煞則常常吃藥，犯二曜煞則神經錯亂、躁鬱難安，犯三曜煞則出狂癲之人，若同時又犯三劫案，則會更加嚴重，除損丁耗財之外，甚至有絕嗣之慮。

●診斷後：本局在八曜煞方（正曜、天曜、地曜）其中有刑煞物來沖，代表流年走到時，家人會有一些意外血光或身體病痛產生。

●診斷後：本宅並無明顯的刑煞物來沖，所以不論吉凶。

PS：請自行觀察後，看有沒有符合該局，來水或刑煞物沖之現象，如果有符合則要尋求改善之道！

可安放羅盤、山海鎮、三十六天罡、種樹或盆栽來化煞。

第一節 屋宅為「乾」宅，如果屋宅煞方有煞，會怎麼樣，要如何避？

如果在「午、亥、寅」方有形煞物，就符合八曜煞的格局，有可能會發凶，下圖就是八曜煞的示意圖。

在圈起來的方位如有形煞物則對本宅有傷害

第二節 屋宅為「坎」宅，如果屋宅煞方有煞，會怎麼樣，要如何避？

如果在「辰、戌、巳、卯」方有形煞物，就符合八曜煞的格局，有可能會發凶，下圖就是八曜煞的示意圖。

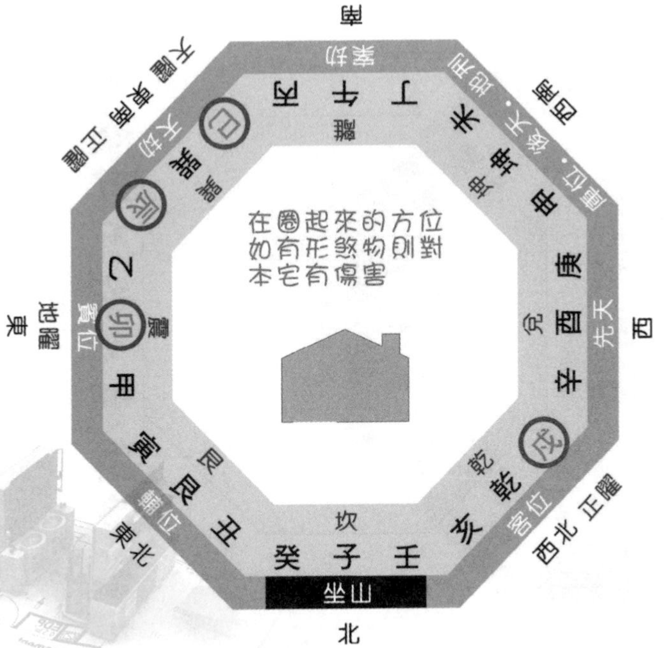

在圈起來的方位如有形煞物則對本宅有傷害

第三節 屋宅為「艮」宅，如果屋宅煞方有煞，會怎麼樣，要如何避？

如果在「寅、午、申」方有形煞物，就符合八曜煞的格局，有可能會發凶，下圖就是八曜煞的示意圖。

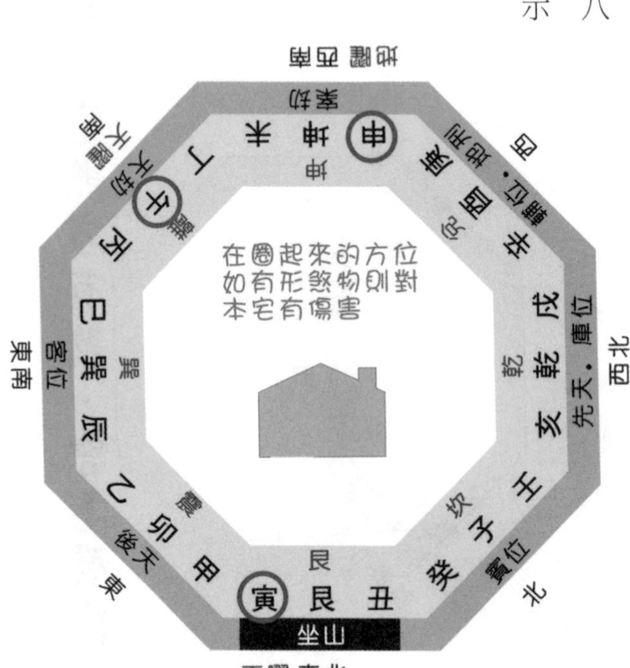

第四節

屋宅為「震」宅，如果屋宅煞方有煞，會怎麼樣，要如何避？

如果在「申、寅、亥」方有形煞物，就符合八曜煞的格局，有可能會發凶。下圖就是八曜煞的示意圖。

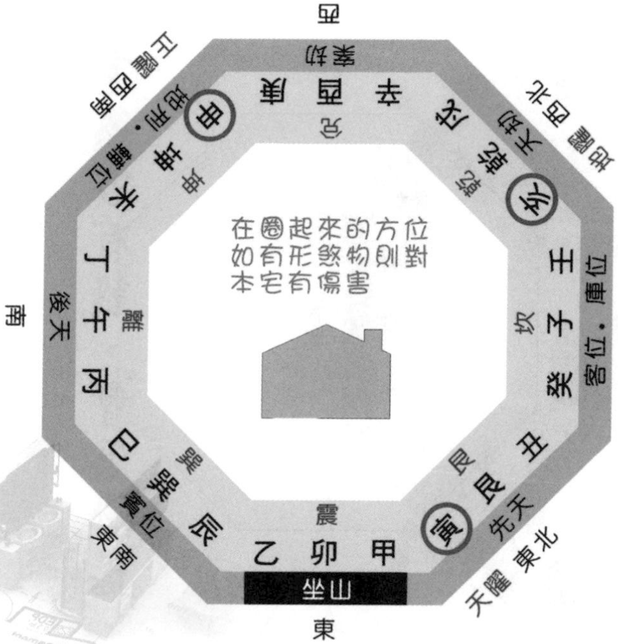

在圈起來的方位如有形煞物則對本宅有傷害

第五節 屋宅為「巽」宅，如果屋宅煞方有煞，會怎麼樣，要如何避？

如果在「酉、卯、巳」方有形煞物，就符合八曜煞的格局，有可能會發凶，下圖就是八曜煞的示意圖。

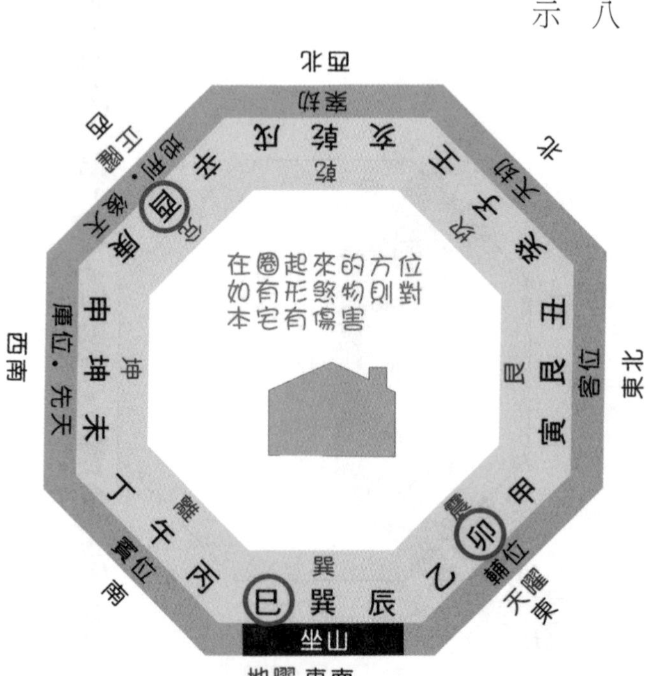

第六節　屋宅為—離—宅，如果屋宅煞方有煞，會怎麼樣，要如何避？

如果在—亥、申、午—方有形煞物，就符合八曜煞的格局，有可能會發凶，下圖就是八曜煞的示意圖。

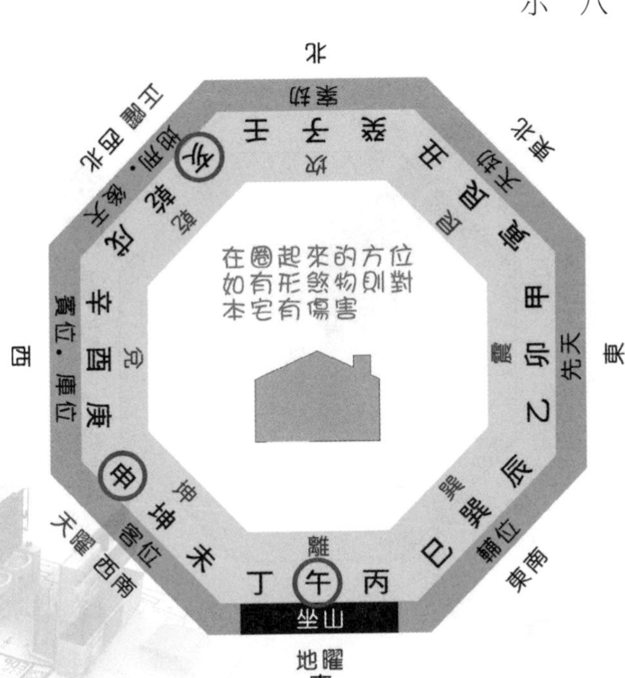

第七節

屋宅為「坤」宅，如果屋宅煞方有煞，會怎麼樣，要如何避？

如果在「卯、辰、戌、酉」方有形煞物，就符合八曜煞的格局，有可能會發凶，下圖就是八曜煞的示意圖。

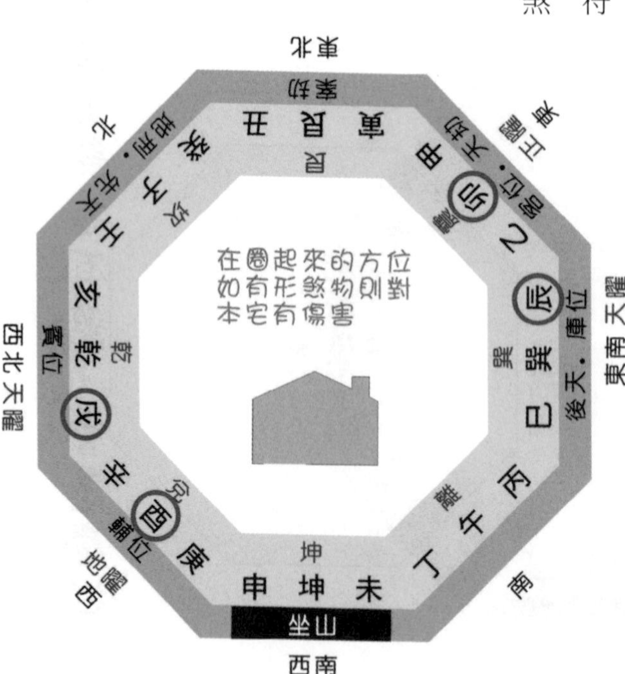

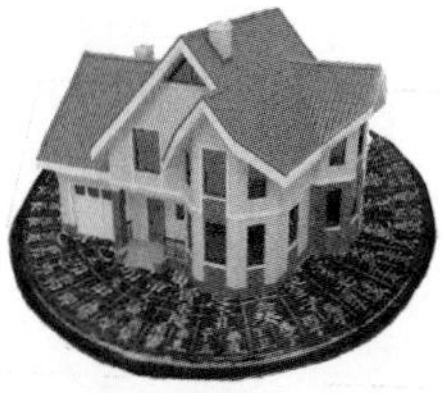

第八節

屋宅為「兌」宅，如果屋宅煞方有煞，會怎麼樣，要如何避？

如果在「巳、酉、辰、戌」方有形煞物，就符合八曜煞的格局，有可能會發凶，下圖就是八曜煞的示意圖。

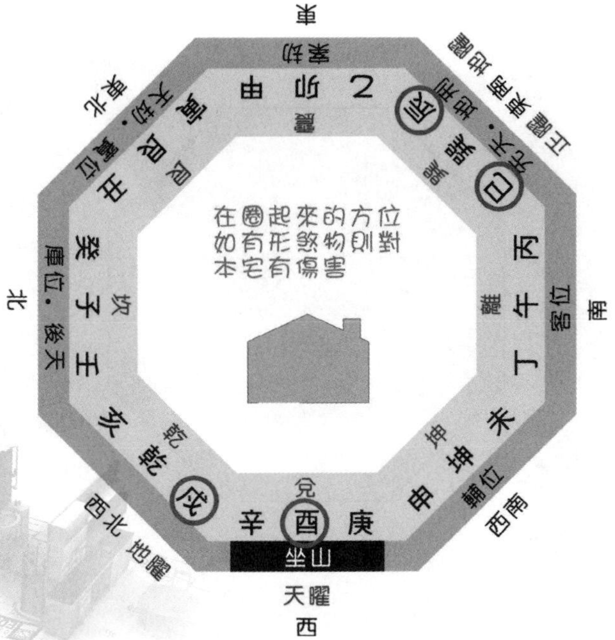

在圈起來的方位如有形煞物則對本宅有傷害

第八章

龍門八局三劫位 吉凶論斷

如果您想得到一種平安格局之房屋，在陰陽宅之明堂前三個卦山（135度）的範圍，必須沒有任何形煞，才能稱得上是平安局。如果在正前、左前、右前有形煞物，那就必須注意可能會有剋應發凶之情況。

各卦坐山，（三劫位↓天劫、地刑、案劫）方位表：

坐山	天劫	地刑	案劫
坎	巽	坤	離
艮	離	兌	坤
震	乾	坤	兌
巽	坎	兌	乾
離	艮	乾	坎
坤	震	坎	艮
兌	艮	巽	震
乾	震	離	巽

三劫位（天劫、地刑、案劫）水宜出不宜來，包括陰陽宅水局、馬路、屋角侵射、古井欄杆、枯木、電線桿等等，如果該三方有此形煞，主藥碗不斷、婦女病、損財、損丁。

古有云：

天劫之水最是凶，此方流來不可當；
劫案瘋癲虛癆疾，家門伶丁損少年；
天劫刑案三刀位，屋角侵射卻如何；
家門夭折年年亡，難免兒孫見血光。

案劫位：

以宅「向」論案劫。明堂前最適宜寬闊明亮，忌堂前高壓逼迫，破碎不堪，來路或尖物沖射、煙囪、廟堂、電塔、大樹等，主應宅內不安，意外血光，損丁破財之象。

堂前有水或是形煞，主意外血光、開刀、患吐血、癆傷、心臟病，若天劫方再來水或是有形煞，則凶相更嚴重。

堂前反弓水或是圍牆反弓，主離鄉背井，家人離散，忤逆不孝，無情無義，朋友反背。

天劫位：

天劫位在案劫的左方或右方，是最凶的卦位。切忌有水沖射而來（去水為吉）或是任何的形煞（寬闊平坦為宜），主患吐血、癆傷之病，也可能出癲狂之人。

天劫方若有屋角侵射、欄杆、電桿等劫物，亦主癆傷吐血。天劫位及案劫位均忌來水，其一患之，已屬嚴重，若兩者都來水，則必損人口。

地刑位：

地刑位在案劫的左方或右方，有些卦位會與先天位或後天位或輔卦位在同一卦位，所以基本上不喜水流出。如若有水流出，則會應驗同位置之流破先天損丁或流破後天損妻財。

地刑若犯了如案劫、天劫的形煞，同樣會產生凶應。只是天劫、案劫之形煞，屬於硬劫煞，舉凡車禍、血光、橫死等；地刑位屬於軟劫煞，舉凡慢性疾病，長期重症，而且較容易發生在婦女身上。

●診斷後：本宅收到三劫方之水或刑煞物來沖射，所以會有意外血光、破財的現象。

●診斷後：本宅並無明顯的水局或刑煞物來沖射，所以不論吉凶，以本派來論算是平安宅。

PS：請自行觀察後，看有沒有符合該局，來水或刑煞物沖之現象，如果有符合則要尋求改善之道！

可安放羅盤、山海鎮、三十六天罡、種樹或盆栽來化煞。

第一節 屋宅為乾宅，如果屋宅前方有水或煞，會怎麼樣，要如何避？

如果水由巽（東南）或震（東）方來沖明堂或離（南）方有形煞物，就符合三劫位的格局，下圖就是三劫位的示意圖。

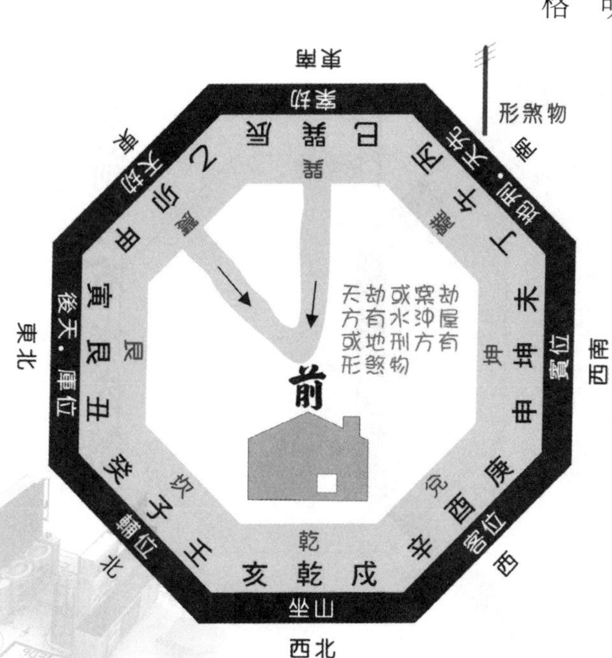

第二節　屋宅為坎宅，如果屋宅前方有水或煞，會怎麼樣，要如何避？

如果水由巽（東南）或離（南）方來沖明堂或坤（西南）方有形煞物，就符合三劫位的格局，下圖就是三劫位的示意圖。

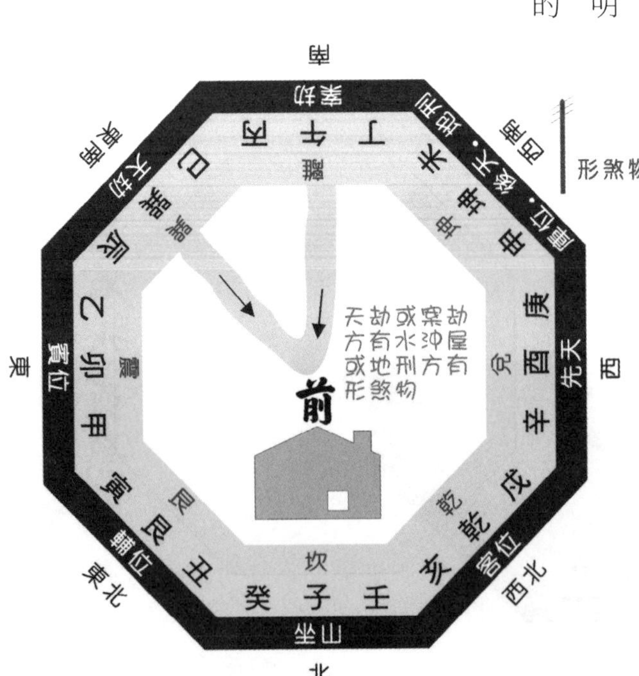

第三節 屋宅為「艮」宅，如果屋宅前方有水或煞，會怎麼樣，要如何避？

如果水由「離」（南）或「坤」（西南）方來沖明堂或「兌」（西）方有形煞物，就符合三劫位的格局，下圖就是三劫位的示意圖。

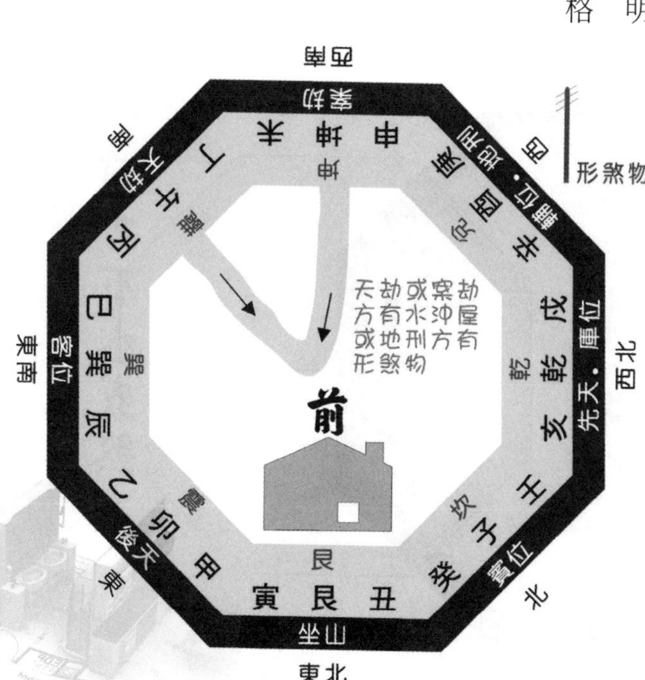

第四節 屋宅為「震」宅，如果屋宅前方有水或煞，會怎麼樣，要如何避？

如果水由「兌」（西）或「乾」（西北）方來沖明堂或「坤」（西南）方有形煞物，就符合三劫位的格局，下圖就是三劫位的示意圖。

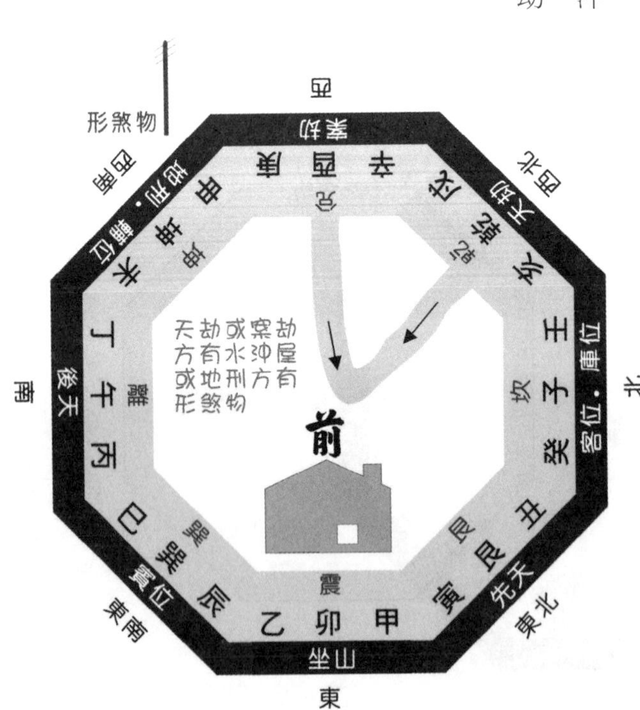

第五節 屋宅為「巽」宅，如果屋宅前方有水或煞，會怎麼樣，要如何避？

如果水由「乾（西北）或「坎（北）方來沖明堂或「兌（西）」方有形煞物，就符合三劫位的格局，下圖就是三劫位的示意圖。

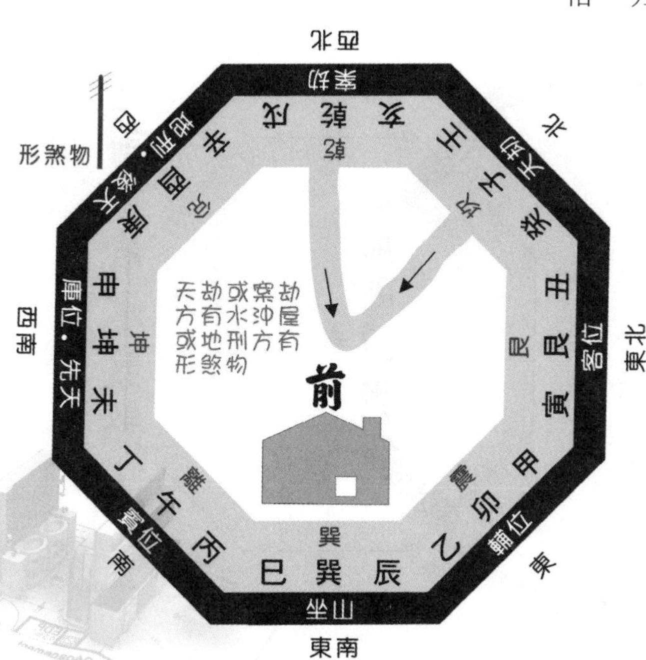

第六節 屋宅為──離──宅，如果屋宅前方有水或煞，會怎麼樣，要如何避？

如果水由──坎（北）或──艮（東北）方來沖明堂或──乾（西北）──方有形煞物，就符合三劫位的格局，下圖就是三劫位的示意圖。

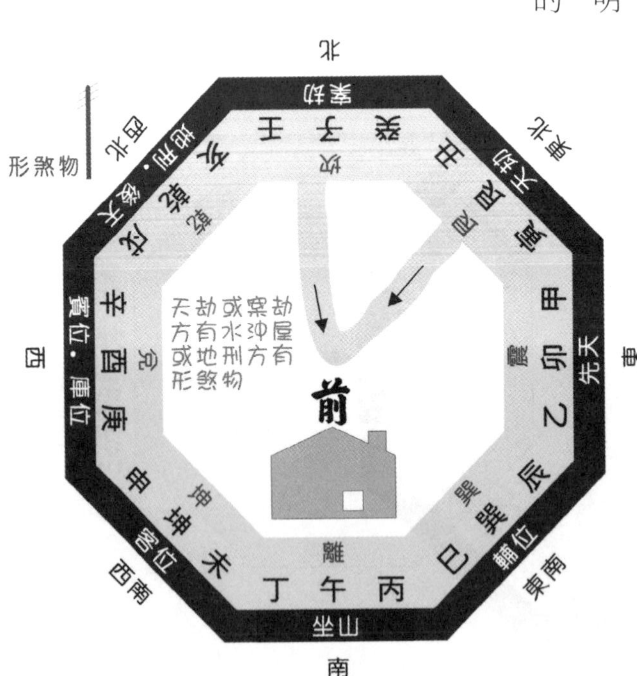

第七節 屋宅為「坤宅」，如果屋宅前方有水或煞，會怎麼樣，要如何避？

如果水由「艮（東北）」或「震（東）」方來沖明堂或「坎（北）」方有形煞物，就符合三劫位的格局，下圖就是三劫位的示意圖。

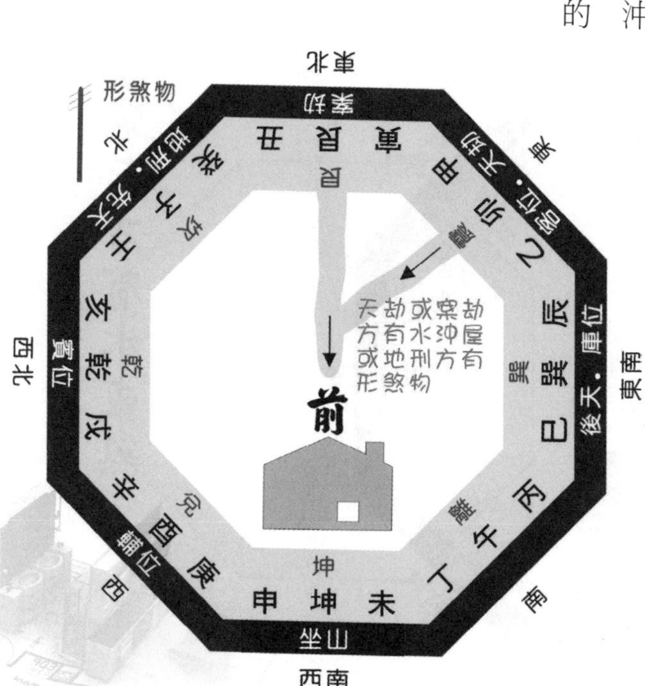

第八節　屋宅為「兌」宅，如果屋宅前方有水或煞，會怎麼樣，要如何避？

如果水由「震（東）」或「艮（東北）」方來沖明堂或「巽（東南）」方有形煞物，就符合三劫位的格局，下圖就是三劫位的示意圖。

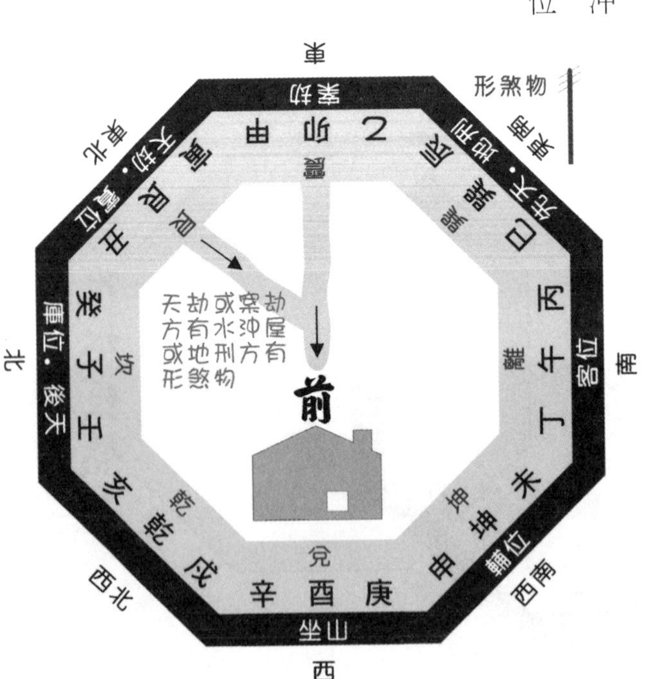

第九章

龍門八局賓客水位吉凶論斷

如果您是做生意，想得到許許多多客戶之照應，如能有符合收賓客水之格局，那將能賓主盡歡。

各卦坐山，（賓、客→賓位水、客位水）方位表：

坐山	坎	艮	震	巽	離	坤	兌	乾
賓位	震	坎	巽	離	兌	乾	艮	坤
客位	乾	巽	坎	艮	坤	震	離	兌

向首卦的先天卦位就是「賓位」。賓位來水過堂，主應旺女兒女婿，外姓子孫，去水則無妨。

向首卦的後天卦位就是「客位」。客位來水過堂，主應旺女兒女婿，適合做外地生意，去水亦無妨。

賓客水宜出不宜來，來者旺女口，蔭外家姓子孫及租屋之賓客，而且主人男丁退敗而旺女口多，若女兒招贅，勢必旺丁旺財。

賓客水與先天水合論：

賓客水朝堂，而先天水不朝堂或流破，主專旺女口，不旺男丁。反之，先天水朝堂，賓客水不朝堂或流出，主專旺男丁，不旺女口。

若已經流破先天，家中並無男丁，便可運用賓客水朝堂旺女口，認養或收養義子，讓女兒招贅，收其財丁兩旺之局。

●診斷後：恭喜本宅符合賓客水朝堂且由正竅出水，既然收到賓客水來朝堂，就可能會賓主兩歡。

●診斷後：本宅並無明顯的賓客水局，所以不論賓客水之吉凶。

PS：請自行觀察後，看有沒有符合該局，來、去水之現象，如果有符合那恭喜您！如有流破的現象，則要尋求改善之道！

第一節 屋宅為「乾」宅，查看看您屋宅有無收到賓客水，會旺女婿

如果水由「兌」（西）或「坤」（西南）方來經過明堂再由「巽」（東南）方流出，就符合賓客水的格局，下圖就是賓客水的示意圖。

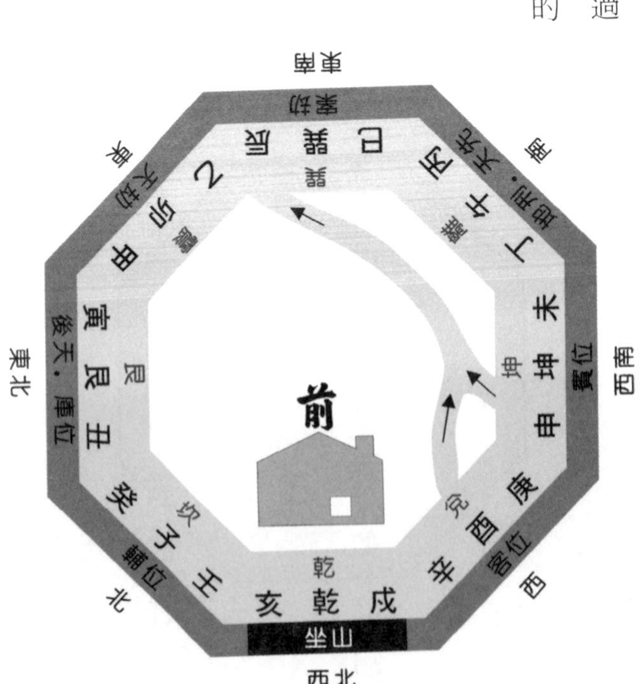

第二節 屋宅為「坎」宅，查看看您屋宅有無收到賓客水，會旺女婿

如果水由「乾」（西北）或「震」（東）方來經過明堂再由「巽」（東南）方流出，就符合賓客水的格局，下圖就是賓客水的示意圖。

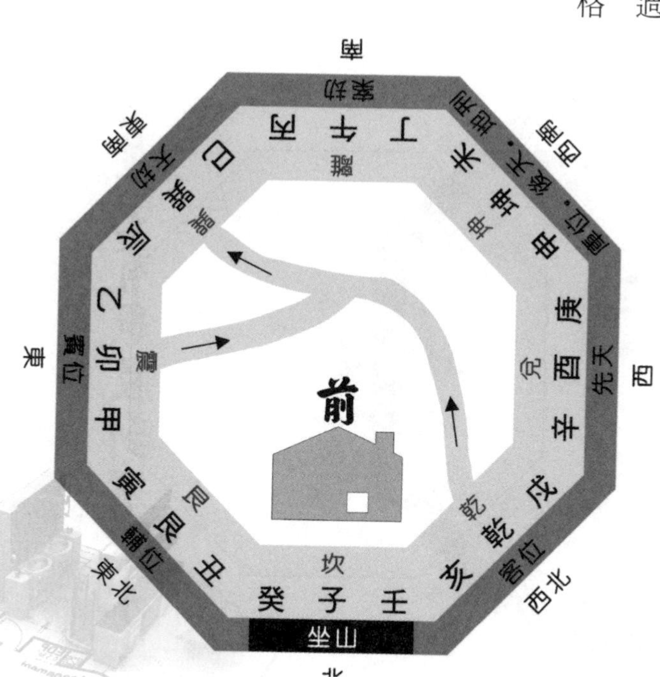

第三節 屋宅為「艮」宅，查看看您屋宅有無收到賓客水，會旺女婿

如果水由「坎」（北）或「巽」（東南）方來經過明堂再由「坤」（西南）方流出，就符合賓客水的格局，下圖就是賓客水的示意圖。

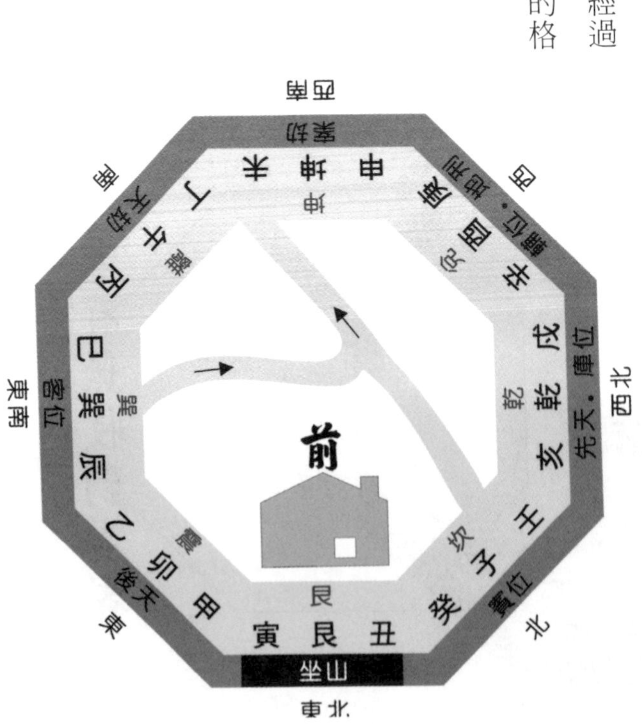

第四節 屋宅為「震」宅，查看看您屋宅有無收到賓客水，會旺女婿

如果水由「巽（東南）」或「坎（北）」方來經過明堂再由「乾（西北）」方流出，就符合賓客水的格局，下圖就是賓客水的示意圖。

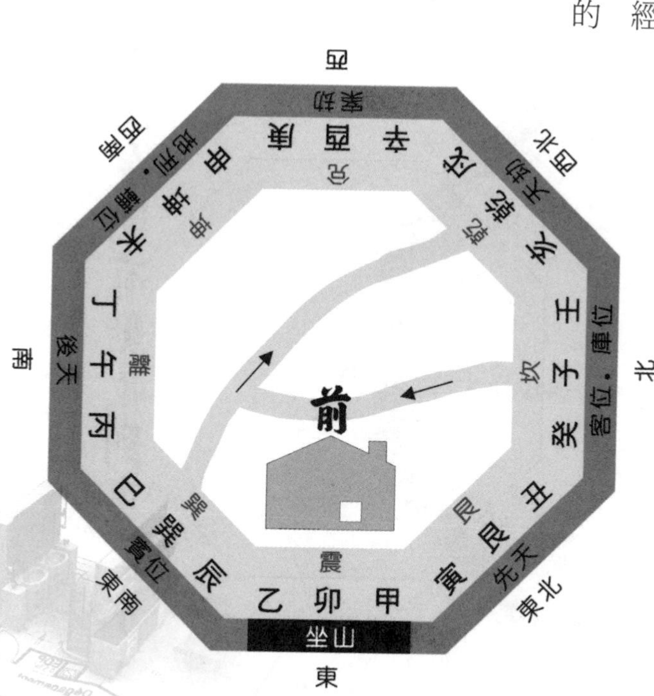

第五節 屋宅為「巽」宅，查看看您屋宅有無收到賓客水，會旺女婿

如果水由「離（南）」或「艮（東北）」方來經過明堂再由「坎（北）」方流出，就符合賓客水的格局，下圖就是賓客水的示意圖。

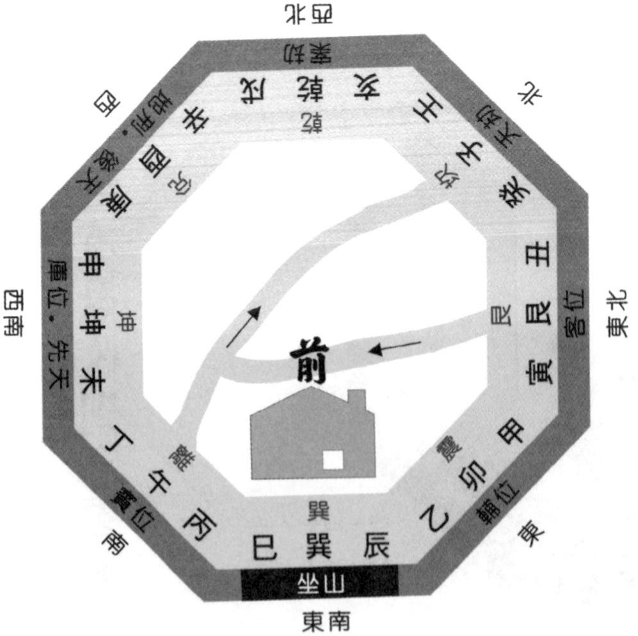

第六節 屋宅為「離」宅，查看看您屋宅有無收到賓客水，會旺女婿

如果水由「兌」（西）或「坤」（西南）方來經過明堂再由「艮」（東北）方流出，就符合賓客水的格局，下圖就是賓客水的示意圖。

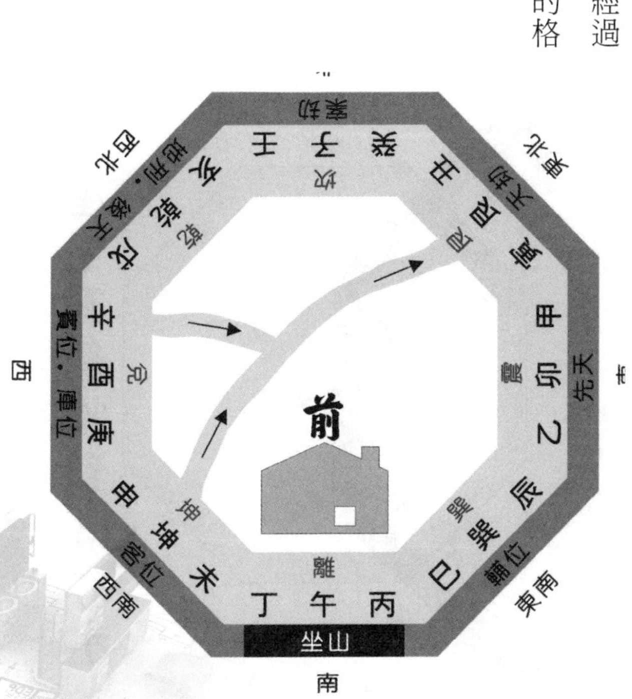

第七節 屋宅為──坤──宅，查看看您屋宅有無收到賓客水，會旺女婿

如果水由─乾（西北）方來經過明堂再由─震（東）方流出，就符合賓客水的格局。如果水由─震（東）方來經過明堂再由─乾（西北）方流出，就符合賓客水的格局，下圖就是賓客水的示意圖。

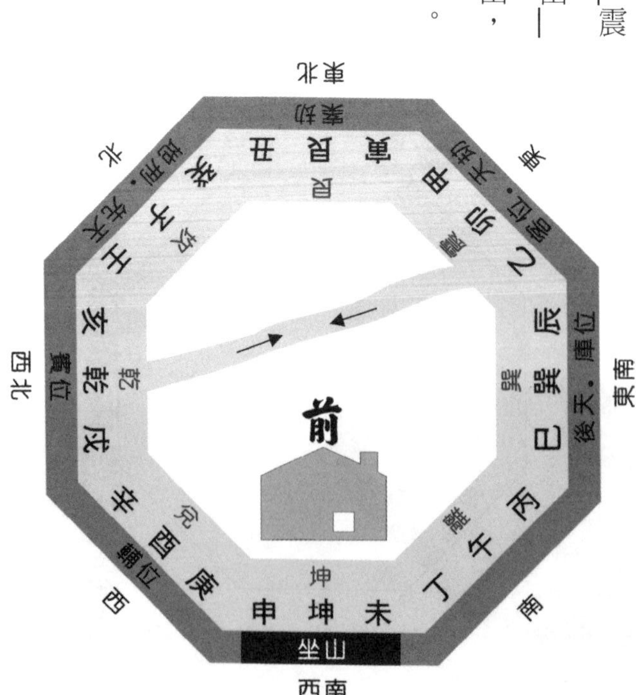

第八節　屋宅為「兌」宅，查看看您屋宅有無收到賓客水，會旺女婿

如果水由「艮」（東北）或「離」（南）方來經過明堂再由「離」（南）或「震」（東）方流出，就符合賓客水的格局，下圖就是賓客水的示意圖。

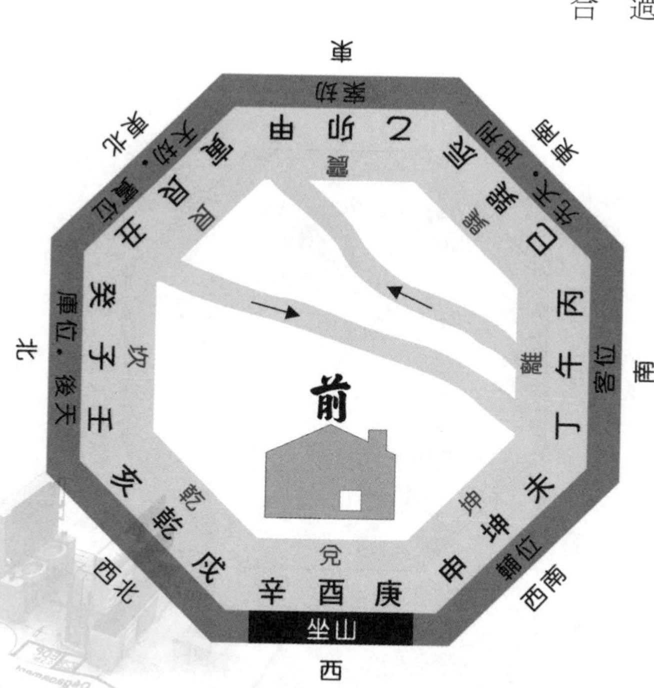

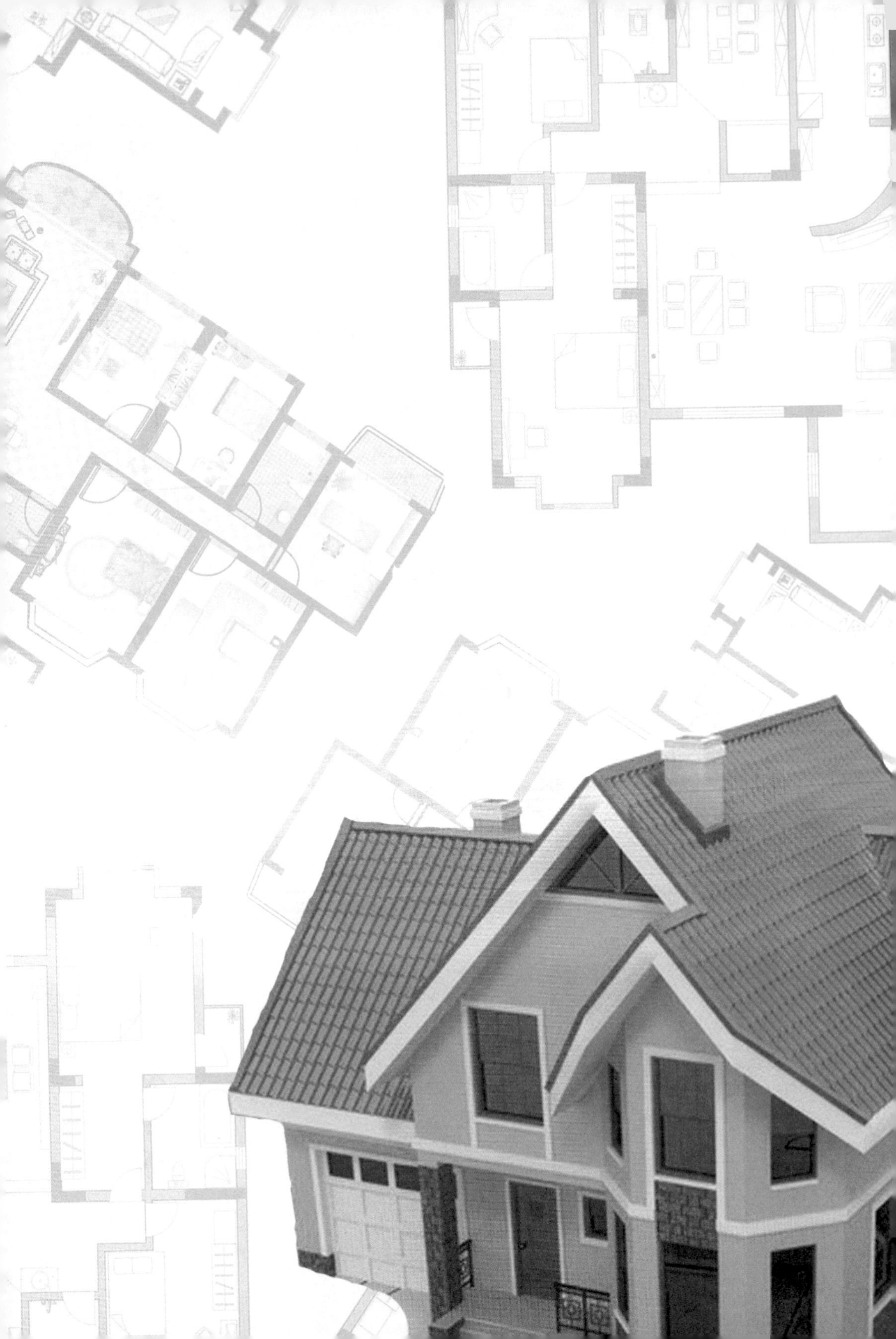

第十章 龍門八局輔卦水位吉凶論斷

如果您想得到一種能有貴人相助的屋宅，輔卦水就必須到位，過堂且由正竅出水，那就是俗稱的「貴人水」。

各卦坐山，（輔↓輔卦水）方位表：

坐山	坎	艮	震	巽	離	坤	兌	乾
輔卦水	艮	兌	坤	震	巽	兌	坤	坎

輔卦位是除了坐山位、向山位、先後天位、賓客位、三劫位全扣掉外，所餘的卦位就是輔卦位，也是貴人位，若八卦全有，則與地刑同卦。

輔卦水以輔佐先後天水為主，宜來不宜去，來者旺人丁，去水則凶，穴前最喜有低窪聚池深且廣者，主富貴綿長。若流破輔卦則不僅徒勞無功，更可能有凶象之事發生。

●診斷後：恭喜本宅符合輔卦水朝堂且由賓位出水，既然收到輔卦水來朝堂，就可能會有貴人幫忙而福澤廣豐。

●診斷後：本宅並無明顯的輔卦水局，所以不論輔卦水之吉凶。

PS：請自行觀察後，看有沒有符合該局，來、去水之現象，如果有符合那恭喜您！如有流破的現象，則要尋求改善之道！

第一節

屋宅為「乾」宅，查看看您屋宅有無收到輔卦水，會有貴人

如果水由「艮（東北）或「坎（北）方來經過明堂再由「坤（西南）方流出，就符合貴人旺的格局，下圖就是貴人旺的示意圖。

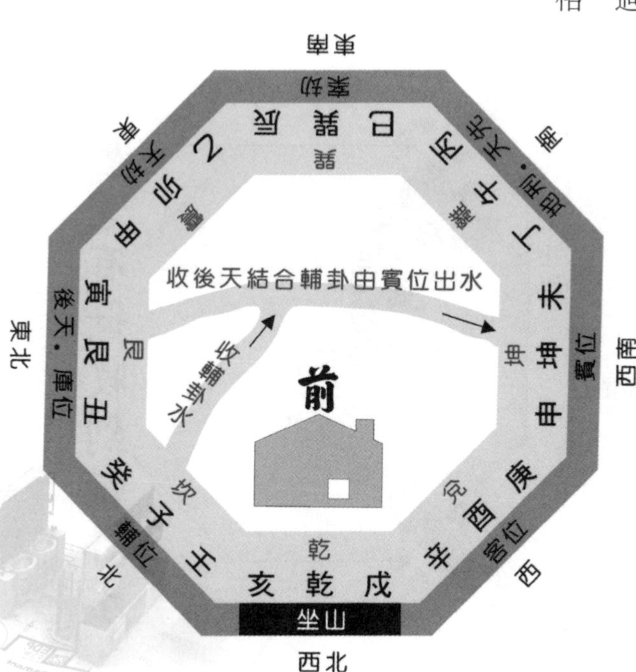

第二節 屋宅為「坎」宅，查看看您屋宅有無收到輔卦水，會有貴人

如果水由「艮」（東北）或「兌」（西）方來經過明堂再由「巽」（東南）方流出，就符合貴人旺的格局，下圖就是貴人旺的示意圖。

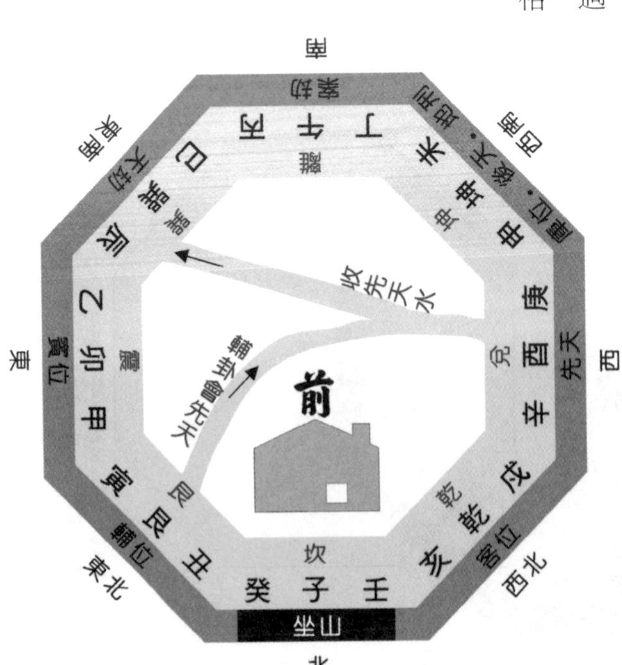

第三節 屋宅為「艮」宅，查看看您屋宅有無收到輔卦水，會有貴人

如果水由「兌」（西）或「乾」（西北）方來經過明堂再由「巽」（東南）方流出，就符合貴人旺的格局，下圖就是貴人旺的示意圖。

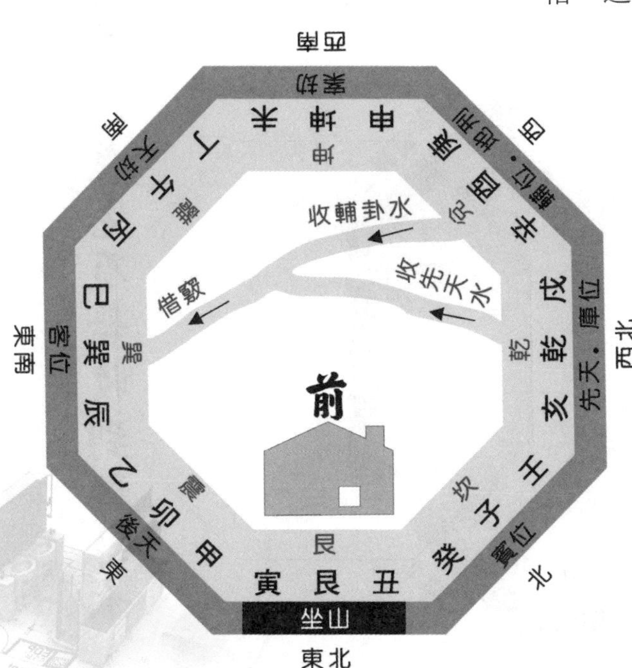

第四節 屋宅為震宅，查看看您屋宅有無收到輔卦水，會有貴人

如果水由坤（西南）或離（南）方來經過明堂再由乾（西北）方流出，就符合貴人旺的格局，下圖就是貴人旺的示意圖。

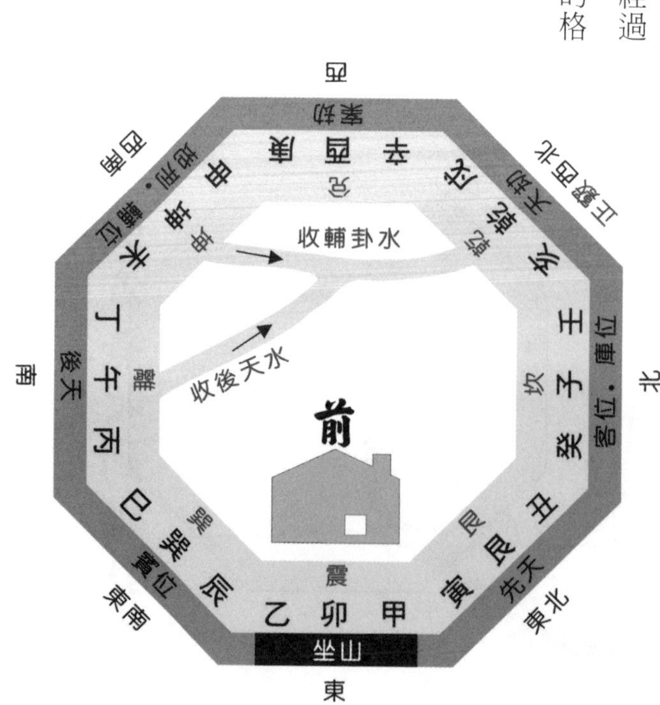

第五節 屋宅為「巽」宅，查看看您屋宅有無收到輔卦水，會有貴人

如果水由坤（西南）或震（東）方來經過明堂再由艮（東北）方流出，就符合貴人旺的格局，下圖就是貴人旺的示意圖。

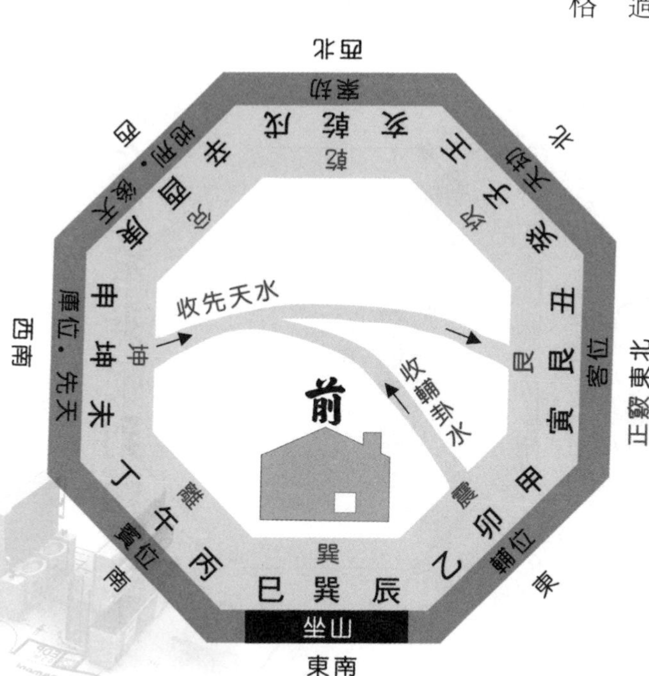

第六節 屋宅為「離」宅，查看看您屋宅有無收到輔卦水，會有貴人

如果水由「震（東）或「巽（東南）方來經過明堂再由「兌（西）方流出，就符合貴人旺的格局，下圖就是貴人旺的示意圖。

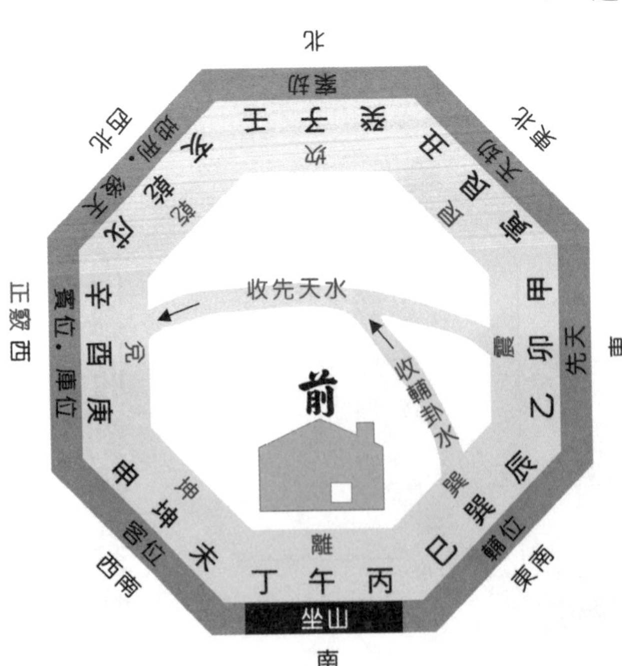

第七節 屋宅為「坤」宅，查看看您屋宅有無收到輔卦水，會有貴人

如果水由「坎」（北）或「兌」（西）方來經過明堂再由「震」（東）方流出，就符合貴人旺的格局，下圖就是貴人旺的示意圖。

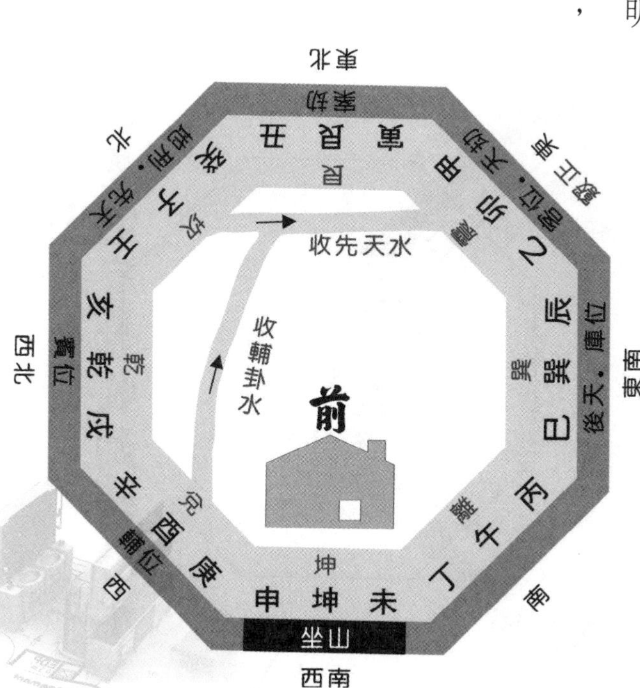

第八節

屋宅為「兌」宅，查看看您屋宅有無收到輔卦水，會有貴人

如果水由「巽（東南）或「坤（西南）方來經過明堂再由「艮（東北）方流出，就符合貴人旺的格局，下圖就是貴人旺的示意圖。

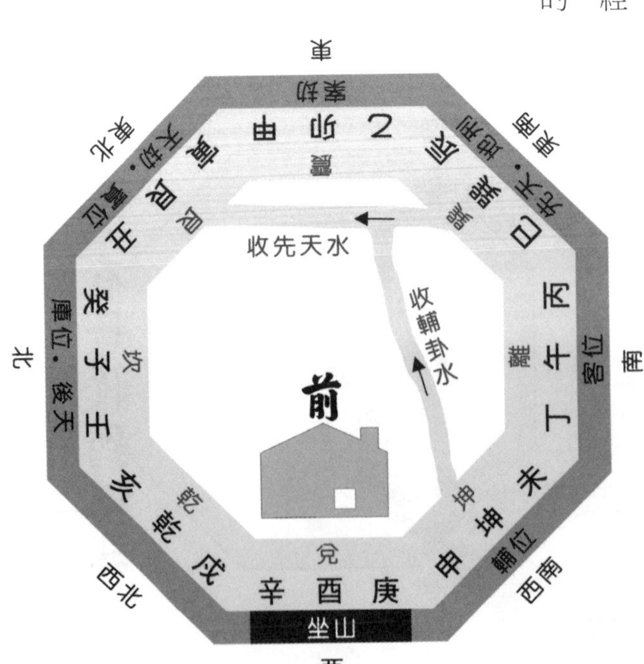

第十一章

龍門八局
最差之宅屋

在選陽宅格局之土地或房屋時，千萬不要選到，同時流破（先、後）天水，此為最差之格局，簡稱為「消亡敗絕水」。地局大，主大敗；地局小，主小敗。終致內冷外耗，勞心費神，終生勞碌，孤苦無依之命。

收先天水且過堂，由後天位流出，是謂收先天流破後天，稱為「消水」。

收後天水且過堂，由先天位流出，是謂收後天流破先天，稱為「亡水」。

●收到「消」、「亡」敗絕水，主吐血、癆疾。若兼卦又不佳，立向不好，皆主夭亡、敗絕（絕嗣），故稱「消亡敗絕水」。犯了「消亡敗絕水」必須將來水或去水，逐一作修改迴避。

●診斷後：本宅收先天水且過堂，由後天位流出，是謂收先天流破後天，稱為「消水」。終致內冷外耗，勞心費神，終生勞碌，孤苦無依之命。

●診斷後：本宅收後天水且過堂，由先天位流出，是謂收後天流破先天，稱為「亡水」。終致內冷外耗，勞心費神，終生勞碌，孤苦無依之命。

●診斷後：本宅並無明顯的消亡敗水局，所以不論吉凶。

PS：請自行觀察後，看有沒有符合該局，來、去水之現象，如果有符合那恭喜您！如有流破的現象，則要尋求改善之道！

第一節 屋宅為乾宅，查看看您屋宅有無收到「消」、「亡」敗絕水

如果水由離（南）方來經過明堂再由艮（東北）方流出，就符合消亡敗絕水的格局。

如果水由艮（東北）方來經過明堂再由離（南）方流出，就符合消亡敗絕水的格局。

下圖就是消亡敗絕水的示意圖。

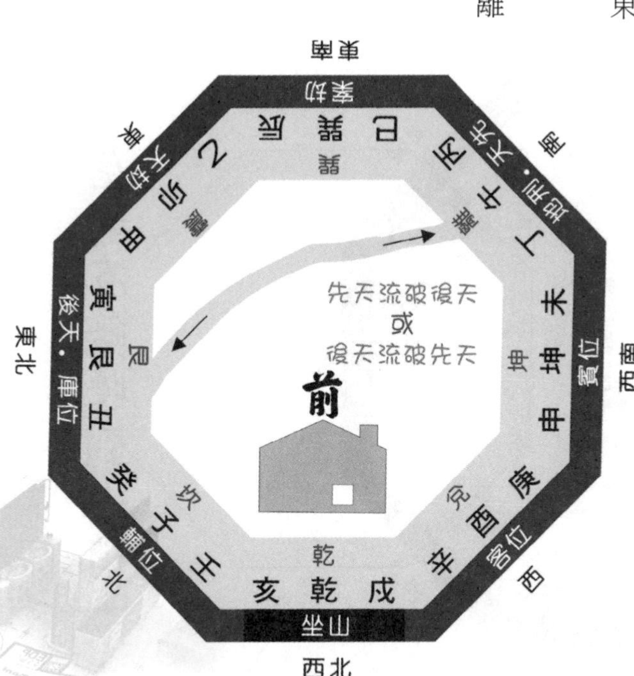

第二節 屋宅為「坎」宅，查看看您屋宅有無收到「消」、「亡」敗絕水

如果水由「兌」（西）方來經過明堂再由「坤」（西南）方流出，就符合消亡敗絕水的格局。

如果水由「坤」（西南）方來經過明堂再由「兌」（西）方流出，就符合消亡敗絕水的格局。

下圖就是消亡敗絕水的示意圖。

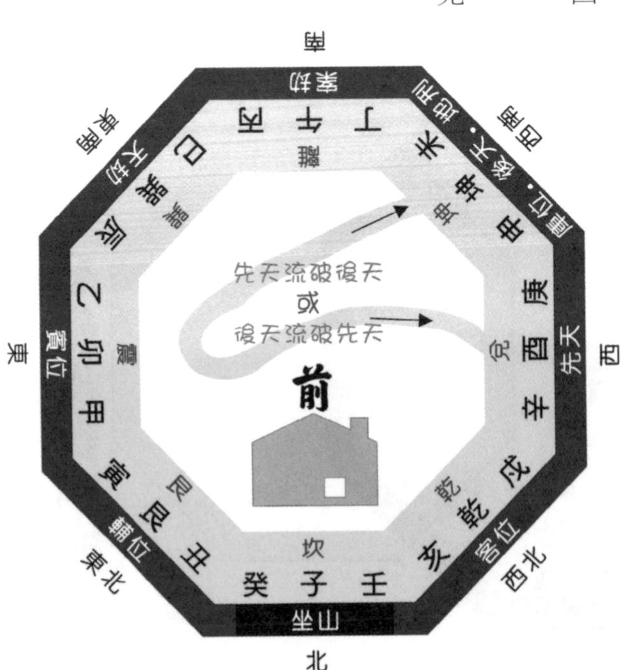

第三節 屋宅為「艮」宅，查看看您屋宅有無收到「消」、「亡」敗絕水

如果水由「震」（東）方來經過明堂再由「乾」（西北）方流出，就符合消亡敗絕水的格局。

如果水由「乾」（西北）方來經過明堂再由「震」（東）方流出，就符合消亡敗絕水的格局。

下圖就是消亡敗絕水的示意圖。

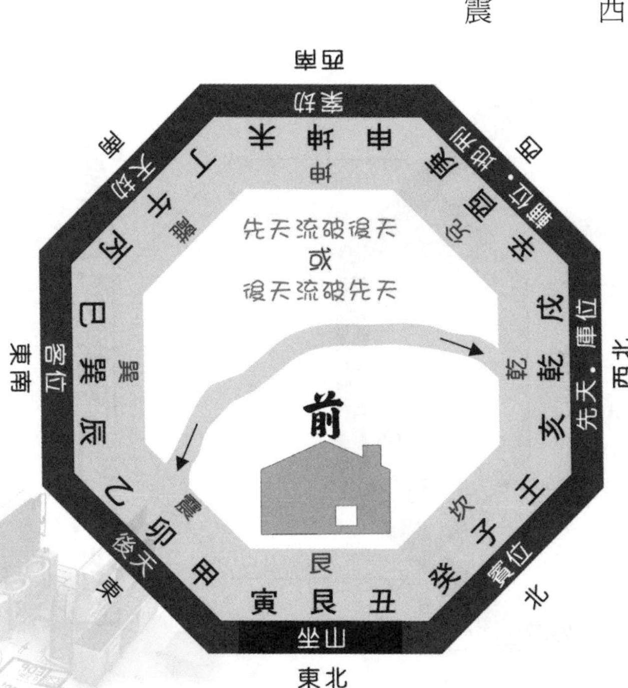

第四節 屋宅為「震」宅，查看看您屋宅有無收到「消」、「亡」敗絕水

如果水由離（南）方來經過明堂再由艮（東北）方流出，就符合消亡敗絕水的格局。

如果水由艮（東北）方來經過明堂再由離（南）方流出，就符合消亡敗絕水的格局。

下圖就是消亡敗絕水的示意圖。

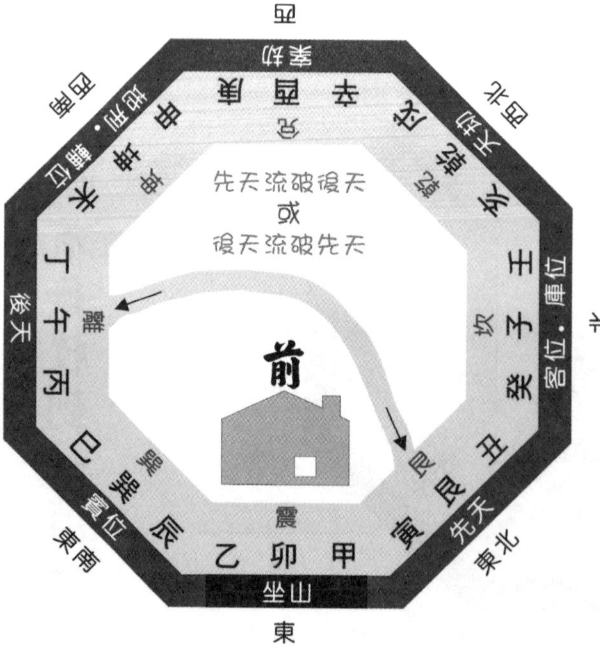

第五節 屋宅為「巽」宅，查看看您屋宅有無收到「消」、「亡」敗絕水

如果水由兌（西）方來經過明堂再由坤（西南）方流出，就符合消亡敗絕水的格局。

如果水由坤（西南）方來經過明堂再由兌（西）方流出，就符合消亡敗絕水的格局。

下圖就是消亡敗絕水的示意圖。

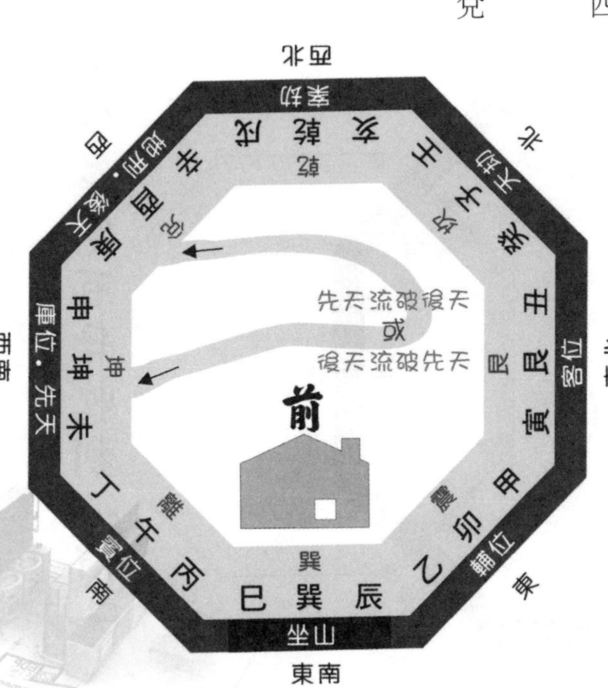

第六節

屋宅為「離」宅，查看看您屋宅有無收到「消」、「亡」敗絕水

如果水由「乾」（西北）方來經過明堂再由「震」（東）方流出，就符合消亡敗絕水的格局。

如果水由「震」（東）方來經過明堂再由「乾」（西北）方流出，就符合消亡敗絕水的格局。

下圖就是消亡敗絕水的示意圖。

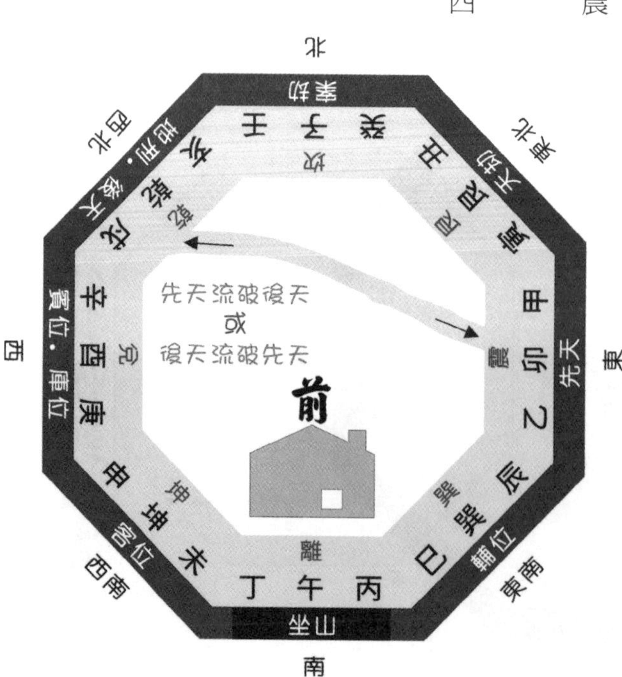

第七節 屋宅為「坤」宅，查看看您屋宅有無收到「消」、「亡」敗絕水

如果水由「坎（北）方來經過明堂再由「巽（東南）方流出，就符合消亡敗絕水的格局。

如果水由「巽（東南）方來經過明堂再由「坎（北）方流出，就符合消亡敗絕水的格局。

下圖就是消亡敗絕水的示意圖。

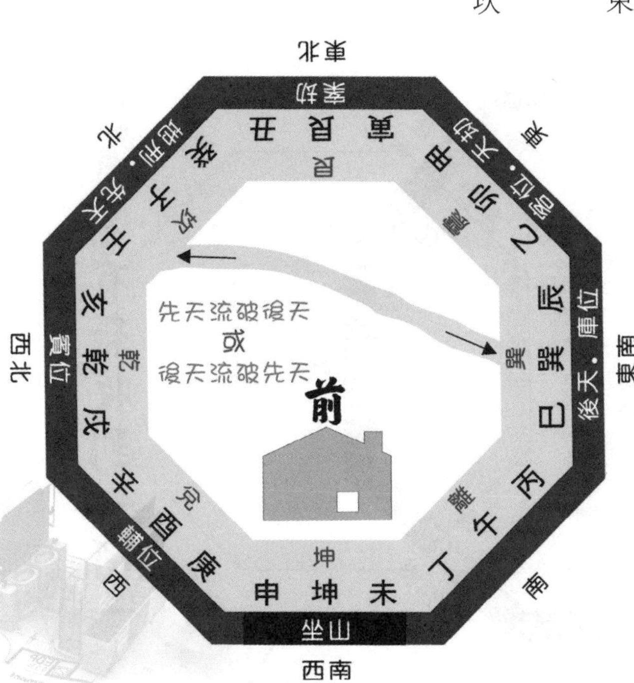

第八節 屋宅為「兌」宅，查看看您屋宅有無收到「消」、「亡」敗絕水

如果水由坎（北）方來經過明堂再由巽（東南）方流出，就符合消亡敗絕水的格局。

如果水由巽（東南）方來經過明堂再由坎（北）方流出，就符合消亡敗絕水的格局。

下圖就是消亡敗絕水的示意圖。

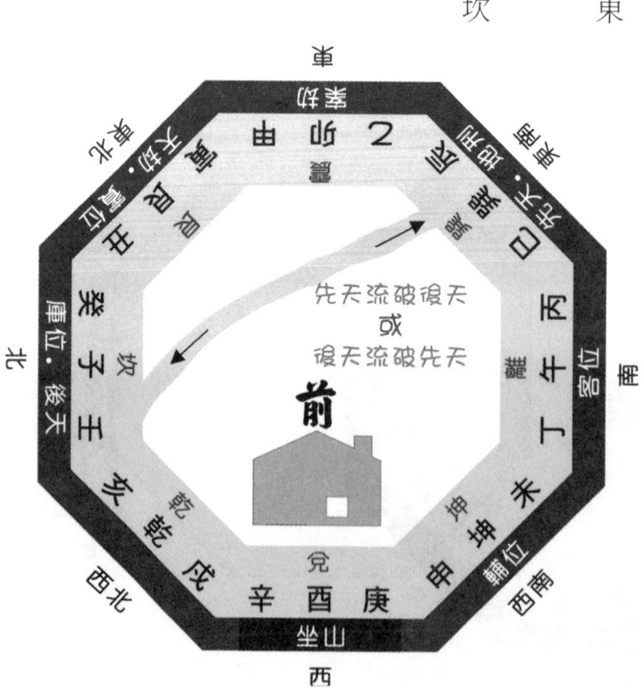

第十二章

龍門八局
凶惡水、意外血光水

如果您屋宅的特定方位有水來，那就可能會有犯意外血光的機會！

意外水法：

坎山（坐北）——辰、巳方有水來。
艮山（坐東北）——午、申方有水來。
震山（坐東）——申、戌方有水來。
坤山（坐西南）——卯方有水來。
兌山（坐西）——卯方有水來。
乾山（坐西北）——辰方有水來。
巽山（坐東南）——戌方有水來。
離山（坐南）——子方有水來。

以上八個卦局的各自來水方，是為「刑戮水法」，主遭刑戮或盜殺敗亡。

●診斷後：本宅符合意外血光水的格局，那就表示宅中之人會有意外血光或病藥不斷。

●診斷後：本宅並無明顯的意外血光水的格局，所以不論意外血光之現象。

PS：請自行觀察後，看有沒有符合該局來水之現象，如果有符合，則要尋求改善之道！

第一節 屋宅為「乾」宅，查看看您屋宅有無收到意外血光水

如果水由「辰」方流向明堂，就符合意外血光的格局。

下圖就是意外血光的示意圖。

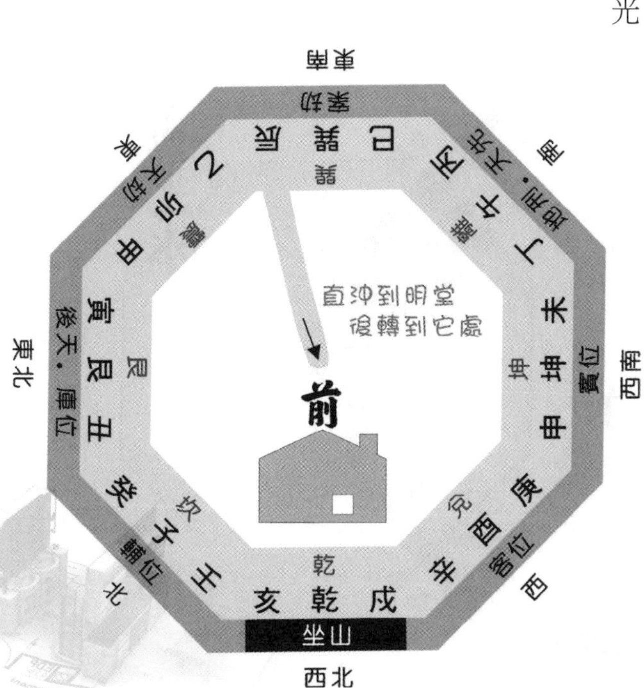

第二節 屋宅為「坎」宅，查看看您屋宅有無收到意外血光水

如果水由「辰或巳」方流向明堂，就符合意外血光的格局。

下圖就是意外血光的示意圖。

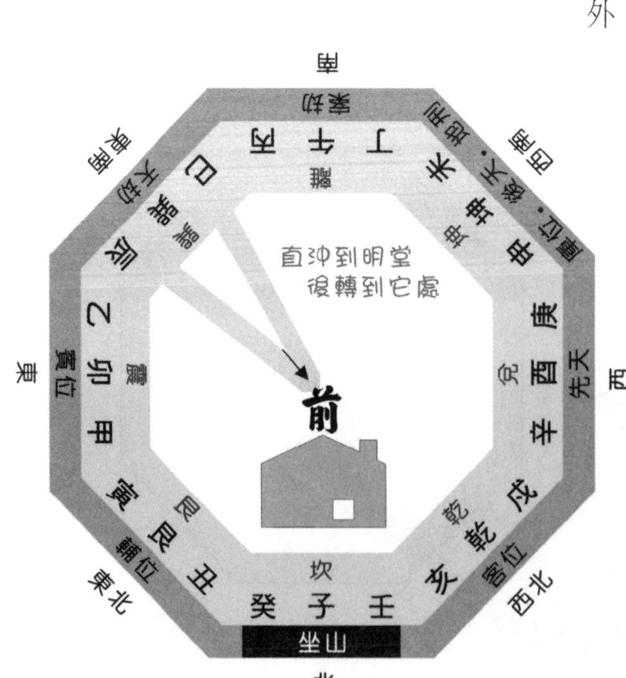

第三節

屋宅為「艮」宅，查看看您屋宅有無收到意外血光水

如果水由「午或申」方流向明堂，就符合意外血光的格局。

下圖就是意外血光的示意圖。

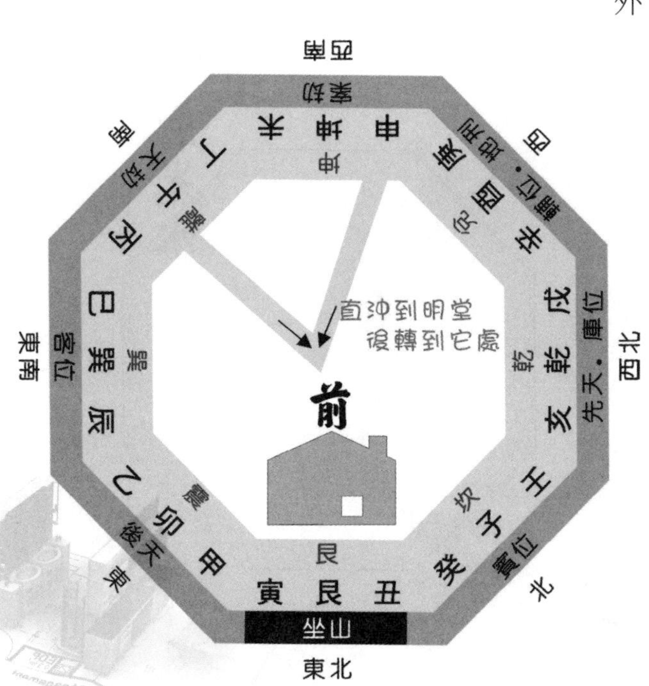

第四節 屋宅為「震」宅，查看看您屋宅有無收到意外血光水

如果水由「申或戌」方流向明堂，就符合意外血光的格局。

下圖就是意外血光的示意圖。

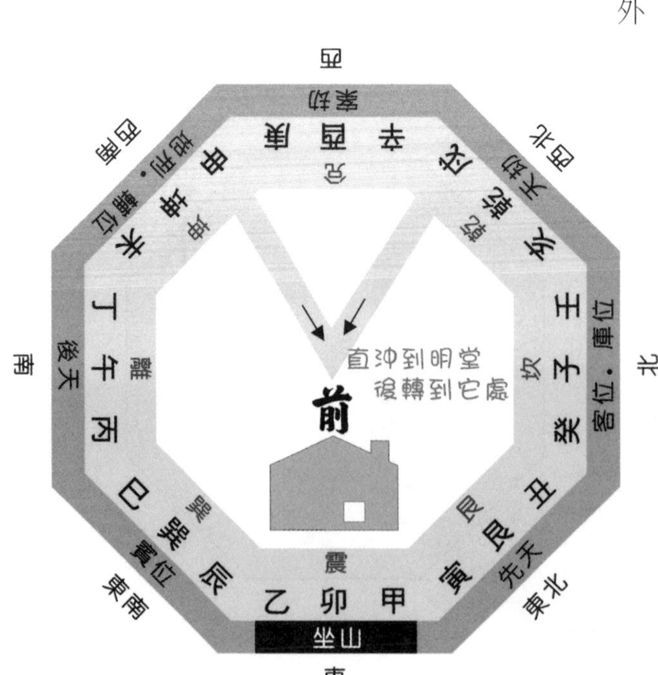

第五節 屋宅為「巽」宅，查看看您屋宅有無收到意外血光水

如果水由「戌」方流向明堂，就符合意外血光的格局。

下圖就是意外血光的示意圖。

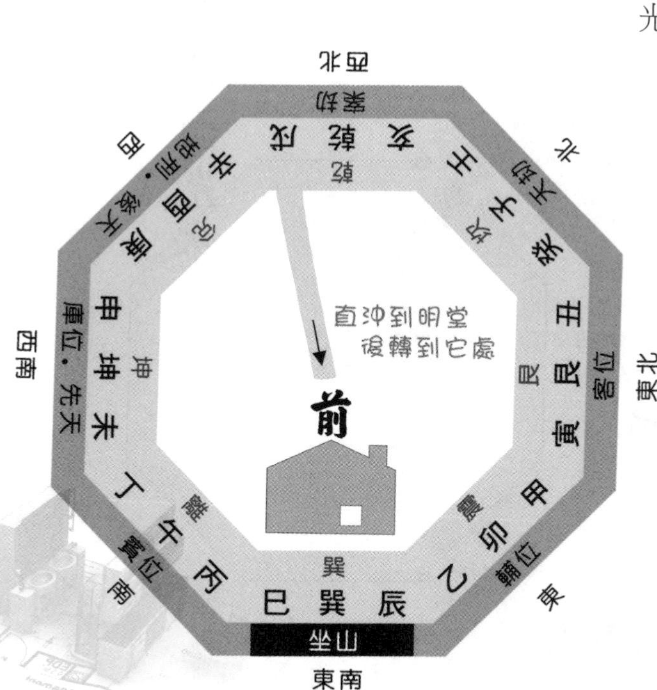

第六節

屋宅為「離」宅，查看看您屋宅有無收到意外血光水

如果水由「子」方流向明堂，就符合意外血光的格局。

下圖就是意外血光的示意圖。

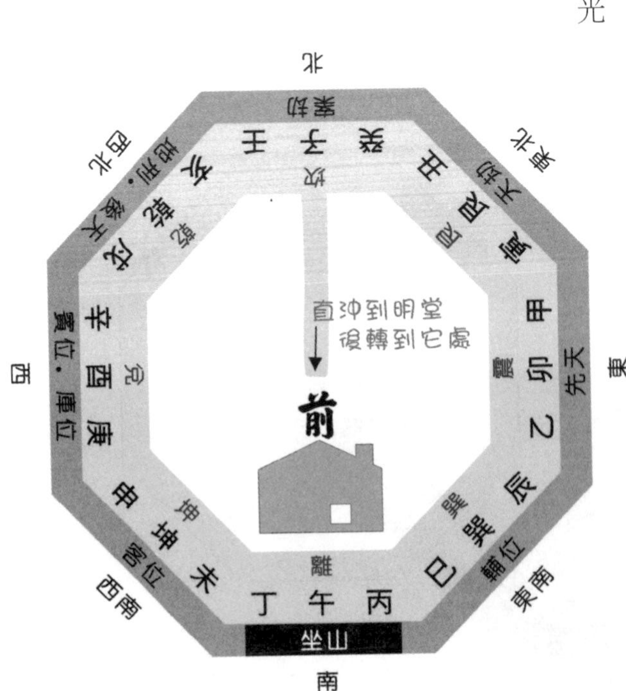

第七節 屋宅為「坤」宅，查看看您屋宅有無收到意外血光水

如果水由「卯」方流向明堂，就符合意外血光的格局。

下圖就是意外血光的示意圖。

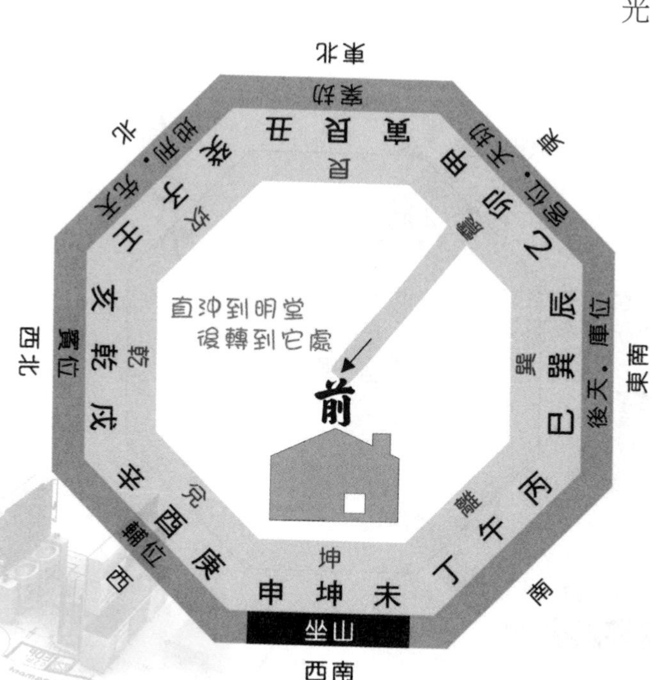

第八節 屋宅為「兌」宅，查看看您屋宅有無收到意外血光水

如果水由「卯」方流向明堂，就符合意外血光的格局。

下圖就是意外血光的示意圖。

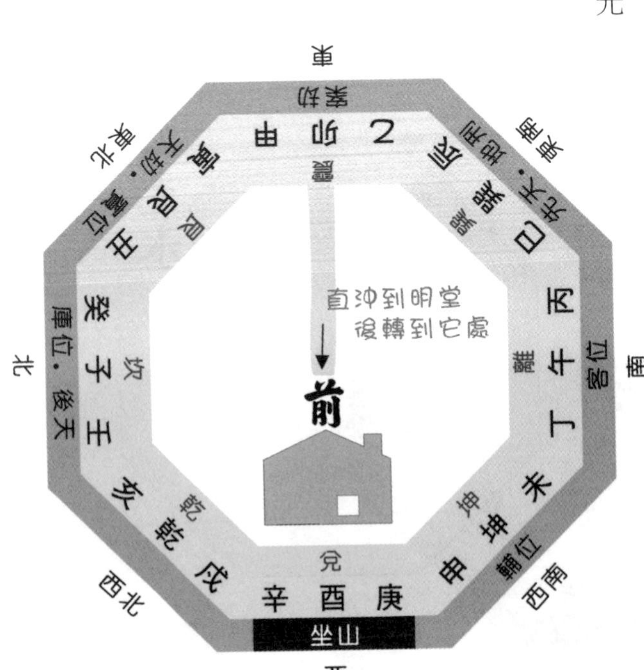

第十三章

龍門八局
凶惡水法、桃花水

如果您屋宅的正東、正南、正西、正北，任何一方有水來，那就可能會有桃花機會！

桃花水法：

子、午、卯、酉，謂之桃花，任何一方來水就是桃花水，又稱「咸池水」。收到桃花水皆主此宅屋內之人易犯桃花。

三刀案之案劫不宜來水，但若是子山午向（午方來水）、午山子向（子方來水）、卯山酉向（酉方來水）、酉山卯向（卯方來水），均主驟然大吉，但還是屬於收到桃花水，犯桃花之水局難免。

不論坐向，若收到桃花水，又流向桃花位，稱為「遊魂桃花水」，主出婦女淫亂，與人私奔，家運漸退。

●診斷後：本宅符合桃花水的格局，那就表示宅中有人會桃花不斷！

●診斷後：本宅並無明顯的桃花水的格局，所以不論桃花之現象。

PS：請自行觀察後，看有沒有符合該局，來、去水之現象，如果有符合，則要尋求改善之道！

第一節

屋宅為「乾」宅，查看看您屋宅有無收到善惡桃花水

如果水由「卯」或「酉」方來經過明堂再由「酉」或「卯」方流出，就符合桃花水的格局，下圖就是桃花水的示意圖。

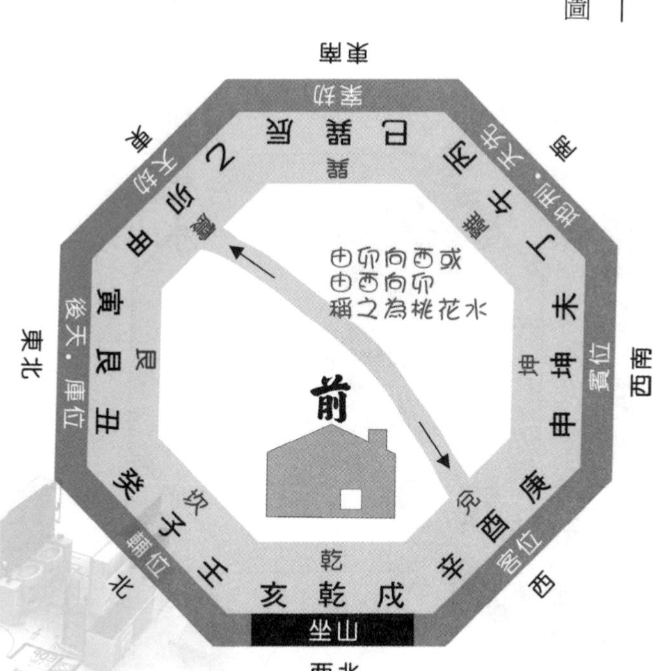

第二節

屋宅為「坎」宅，查看看您屋宅有無收到善惡桃花水

如果水由「卯」或「酉」方來經過明堂再由「酉」或「卯」方流出，就符合桃花水的格局，下圖就是桃花水的示意圖。

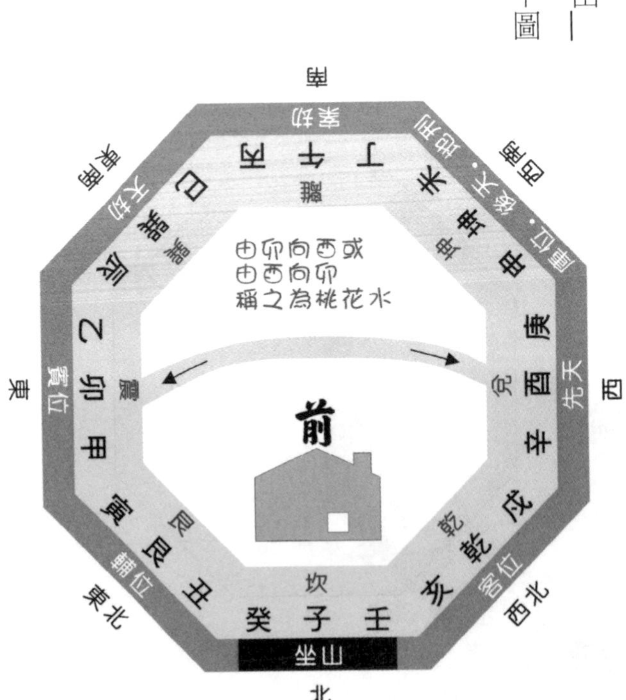

第三節 屋宅為「艮」宅，查看看您屋宅有無收到善惡桃花水

如果水由「卯」或「酉」方來經過明堂再由「酉」或「卯」方流出，就符合桃花水的格局，下圖就是桃花水的示意圖。

西南
南
東南
東
東北
北
西北
西
甲 卯 乙 辰 巽 巳 丙 午 丁 未 坤 申 庚 酉 辛 戌 乾 亥 壬 子 癸 丑 艮 寅
坐山
前
由卯向酉或
由酉向卯
稱之為桃花水

第四節

屋宅為「震」宅，查看看您屋宅有無收到善惡桃花水

如果水由「午」或「子」方來經過明堂再由「子」或「午」方流出，就符合桃花水的格局，下圖就是桃花水的示意圖。

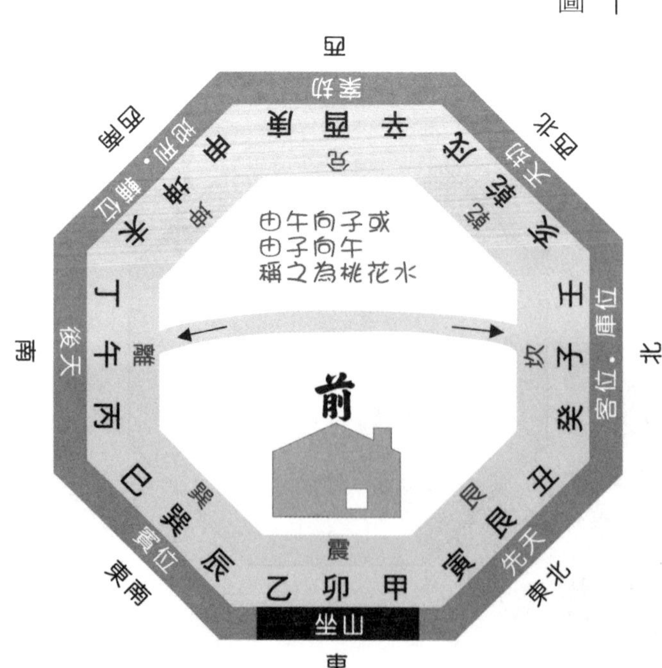

第五節 屋宅為「巽」宅，查看看您屋宅有無收到善惡桃花水

如果水由「午」或「子」方來經過明堂再由「子」或「午」方流出，就符合桃花水的格局，下圖就是桃花水的示意圖。

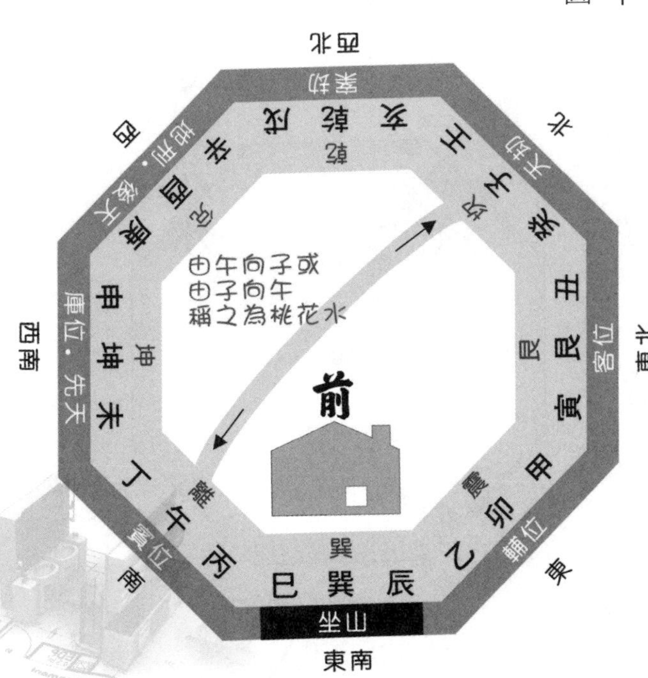

第六節

屋宅為「離」宅，查看看您屋宅有無收到善惡桃花水

如果水由「卯」或「酉」方來經過明堂再由「酉」或「卯」方流出，就符合桃花水的格局，下圖就是桃花水的示意圖。

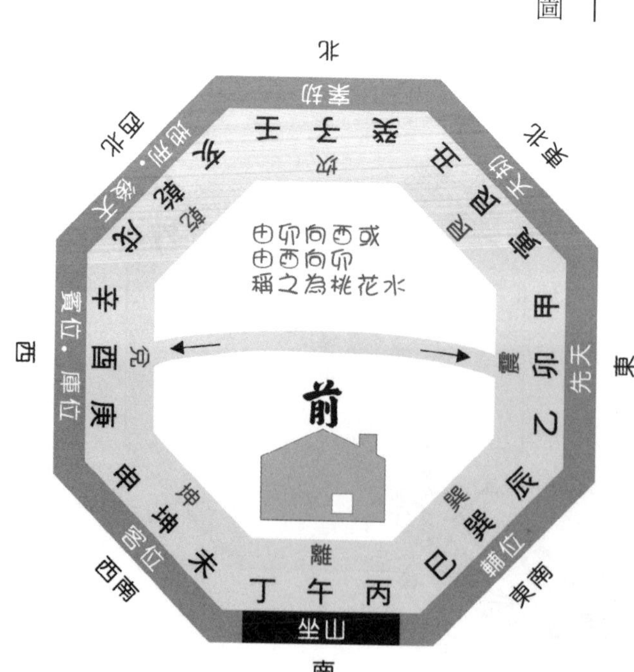

第七節

屋宅為「坤」宅，查看看您屋宅有無收到善惡桃花水

如果水由「午」或「子」方來經過明堂再由「子」或「午」方流出，就符合桃花水的格局，下圖就是桃花水的示意圖。

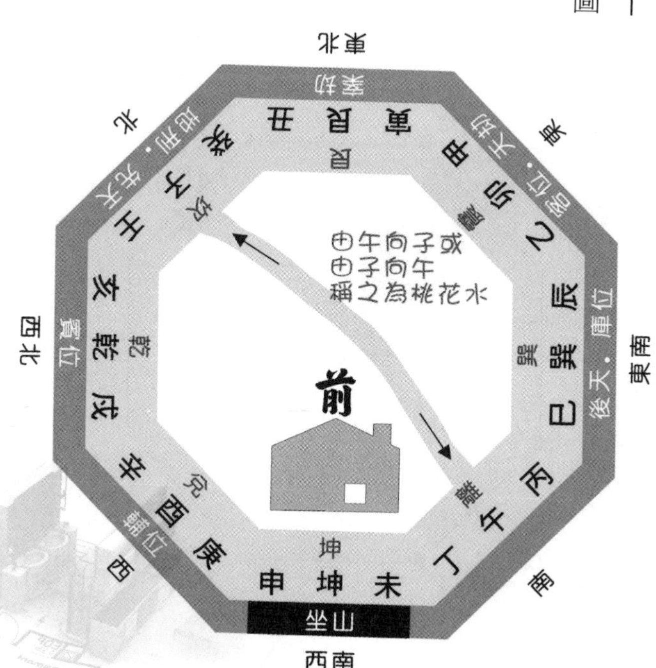

第八節 屋宅為「兌」宅，查看看您屋宅有無收到善惡桃花水

如果水由「午」或「子」方來經過明堂再由「子」或「午」方流出，就符合桃花水的格局，下圖就是桃花水的示意圖。

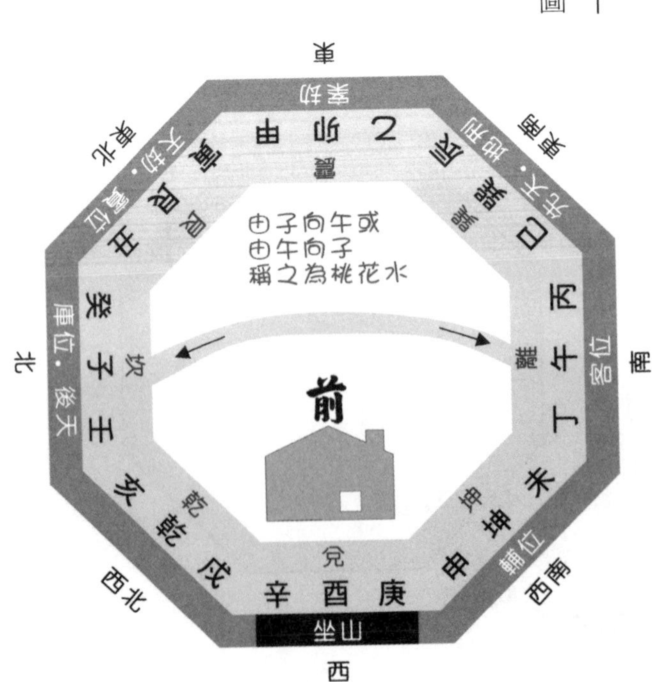

第十四章

龍門八局各種水法綜合圖表

本章圖檔就是乾坤國寶龍門八大局三元水法的精華所在，包括八卦方位水局、先後天水、三劫方、賓客水、輔卦水、庫池水、曜煞方、凶惡水、桃花水等。圖檔標示一應俱全，猶如看圖說故事，淺顯易懂，輕鬆學習。

第一節　龍門八局各大局各大方位簡圖

八卦全圖

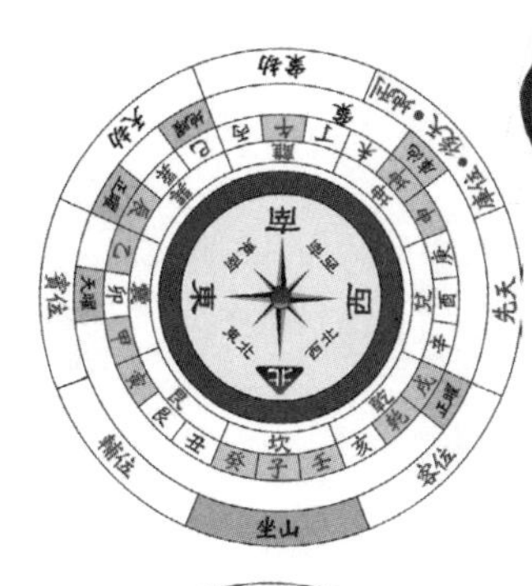

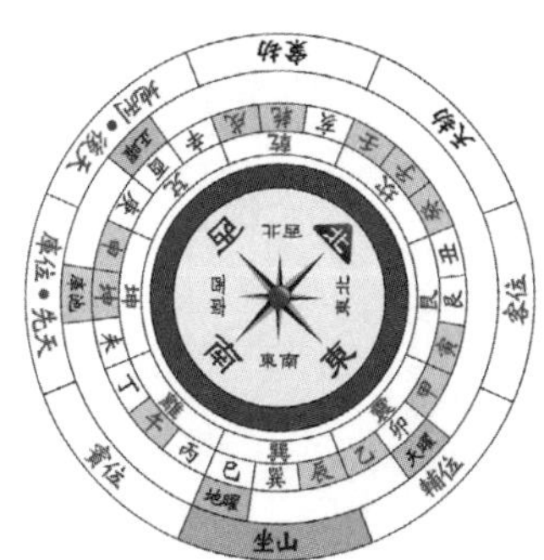

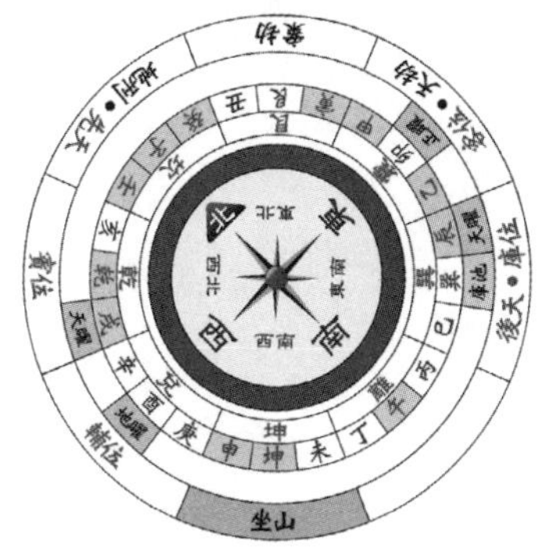

第二節 龍門八局得先後天水局簡圖

先後天水

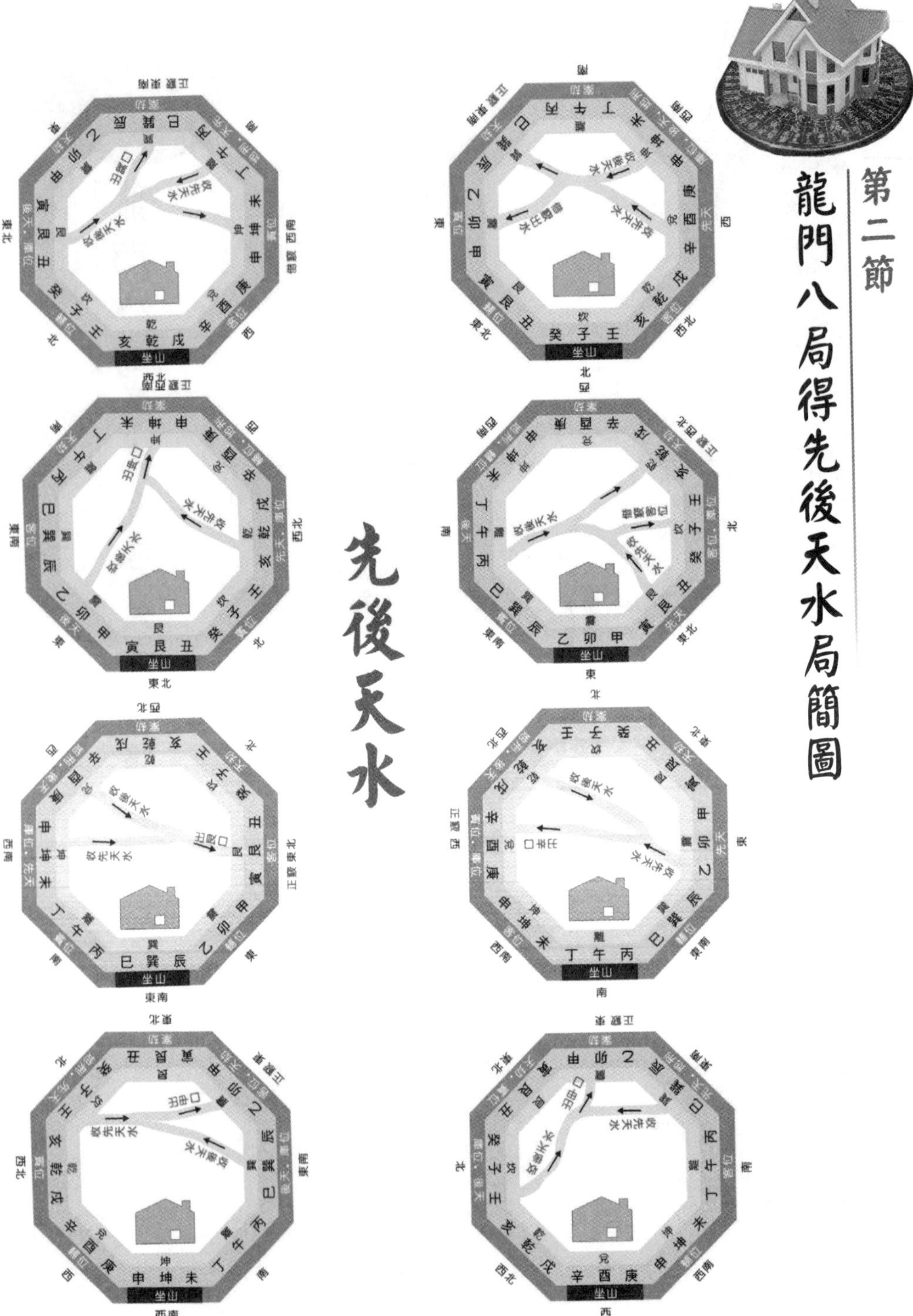

第三節 龍門八局典型流破先後天水局簡圖

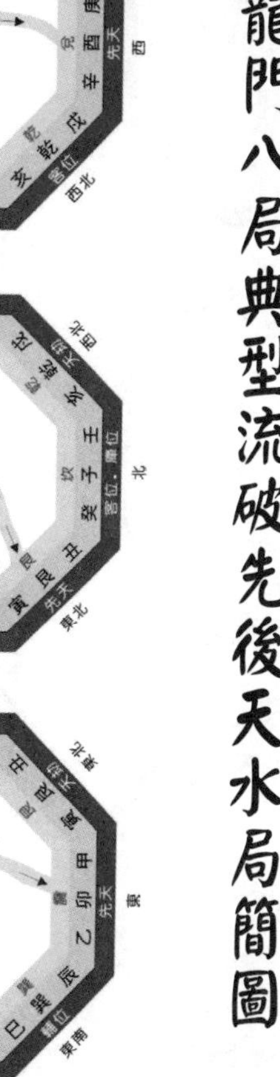

流破先後天

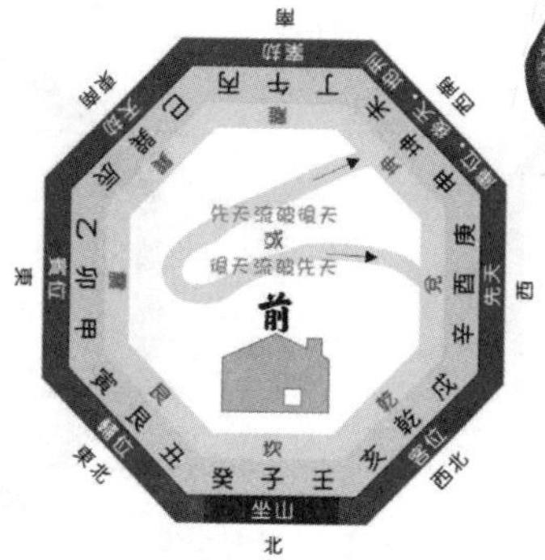

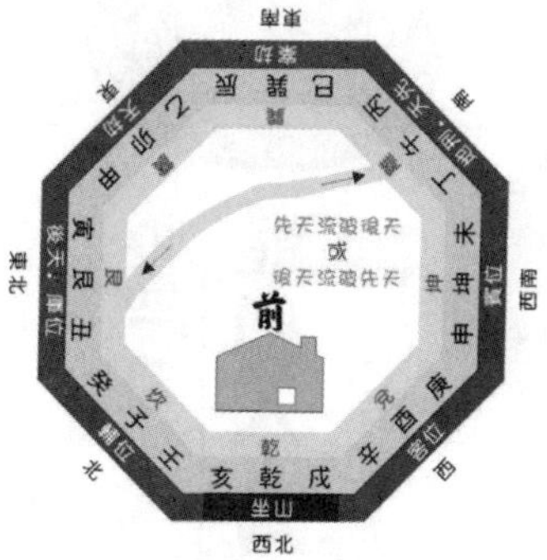

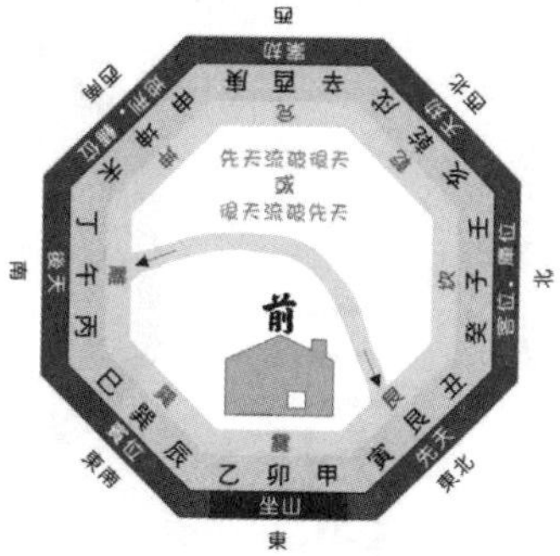

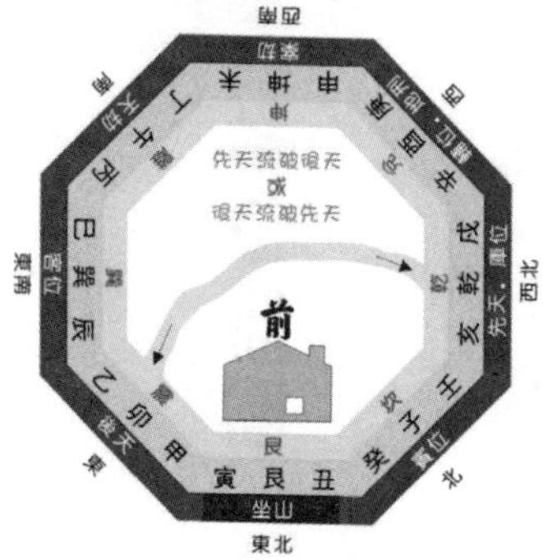

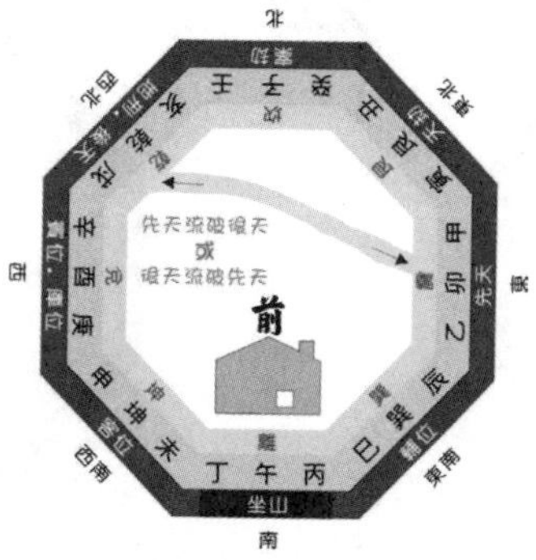

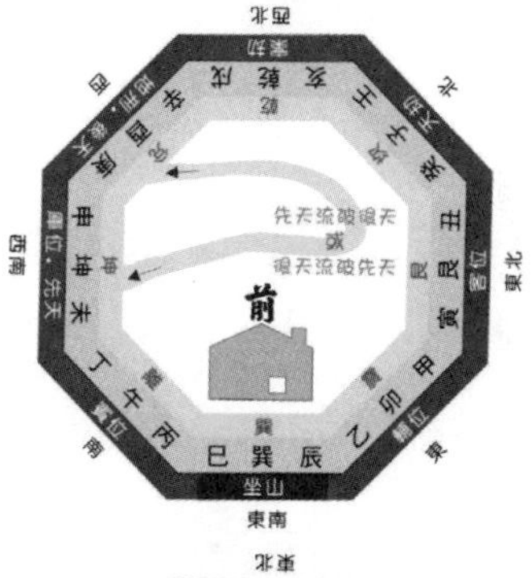

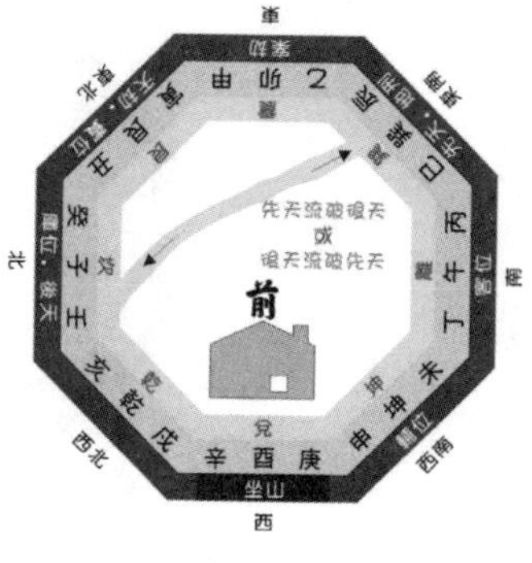

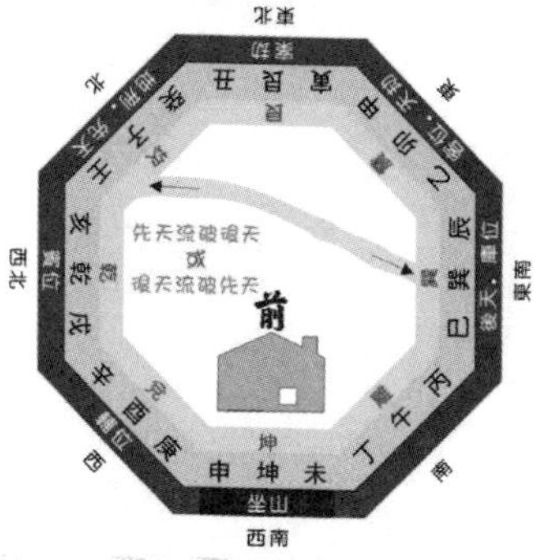

第四節 龍門八局三劫位簡圖

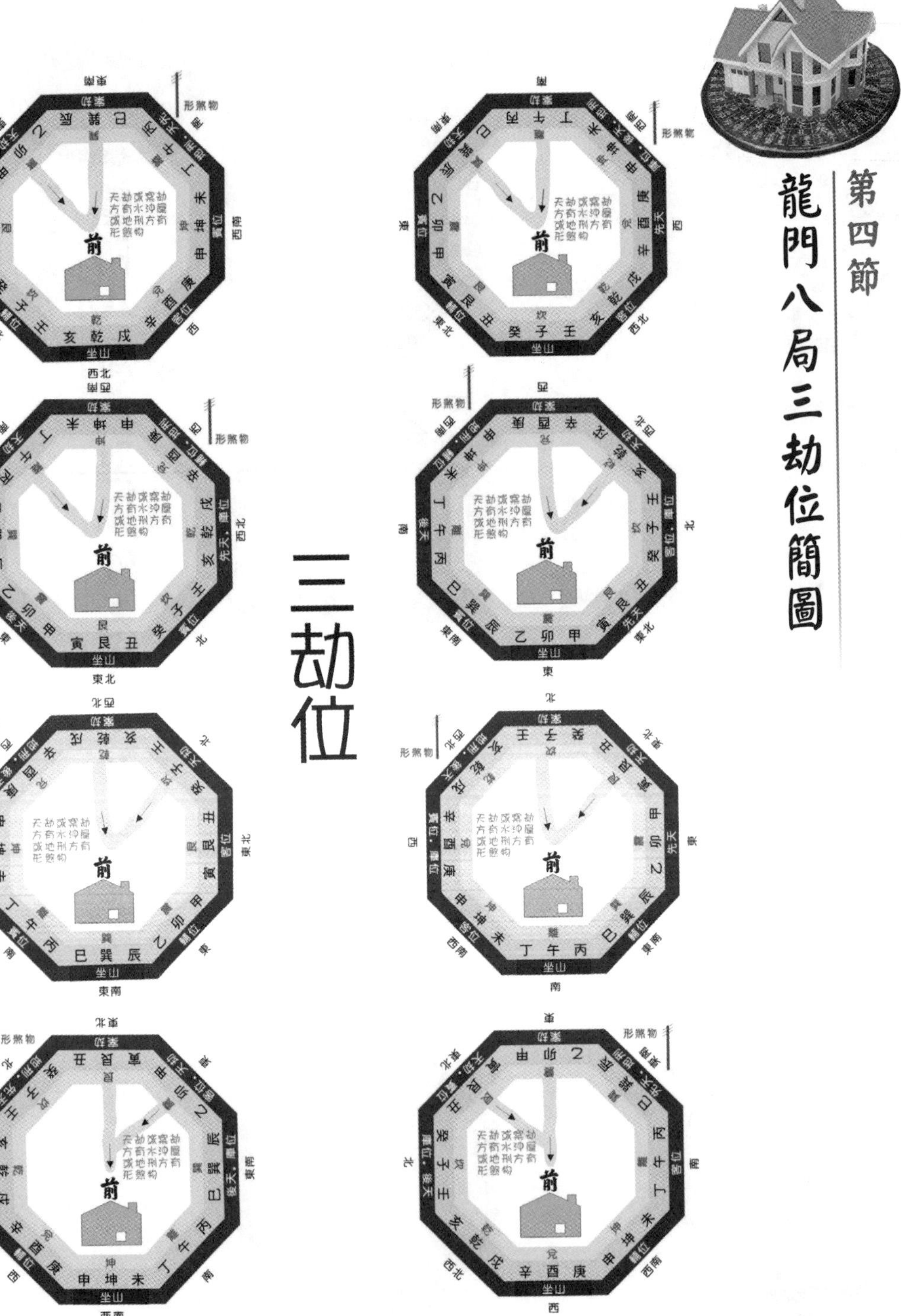

三劫位

第五節 龍門八局賓客水位簡圖

賓客水

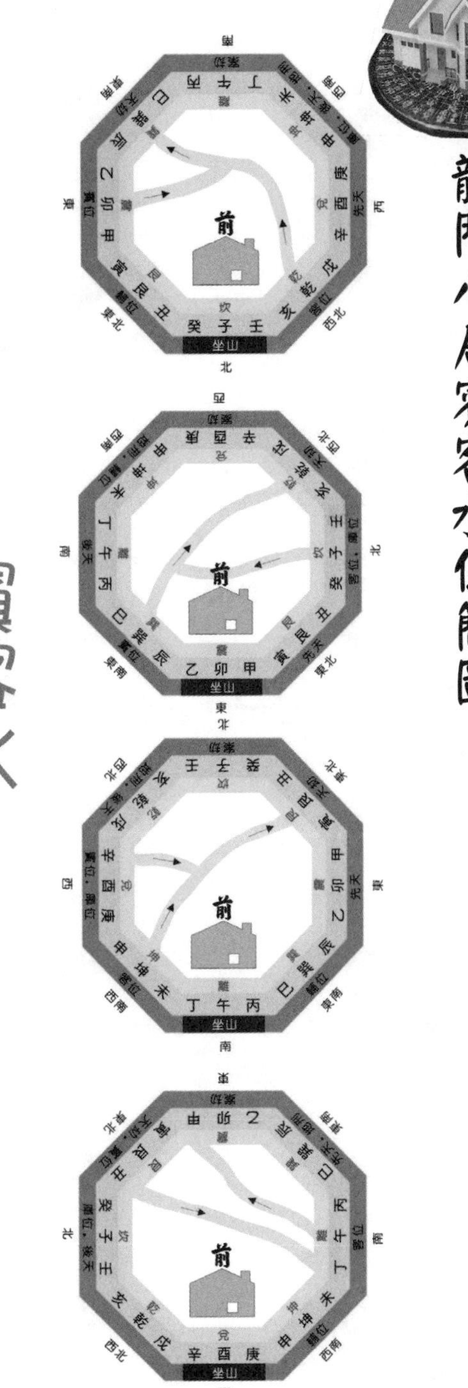

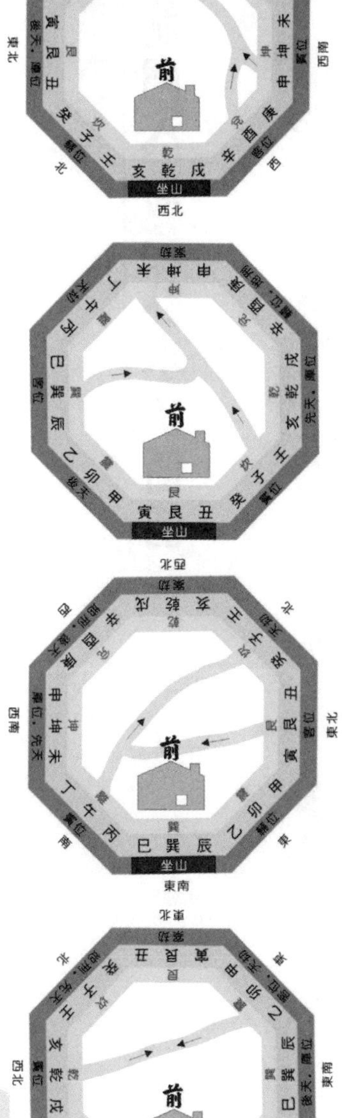

第六節 龍門八局輔卦水位簡圖

輔卦水

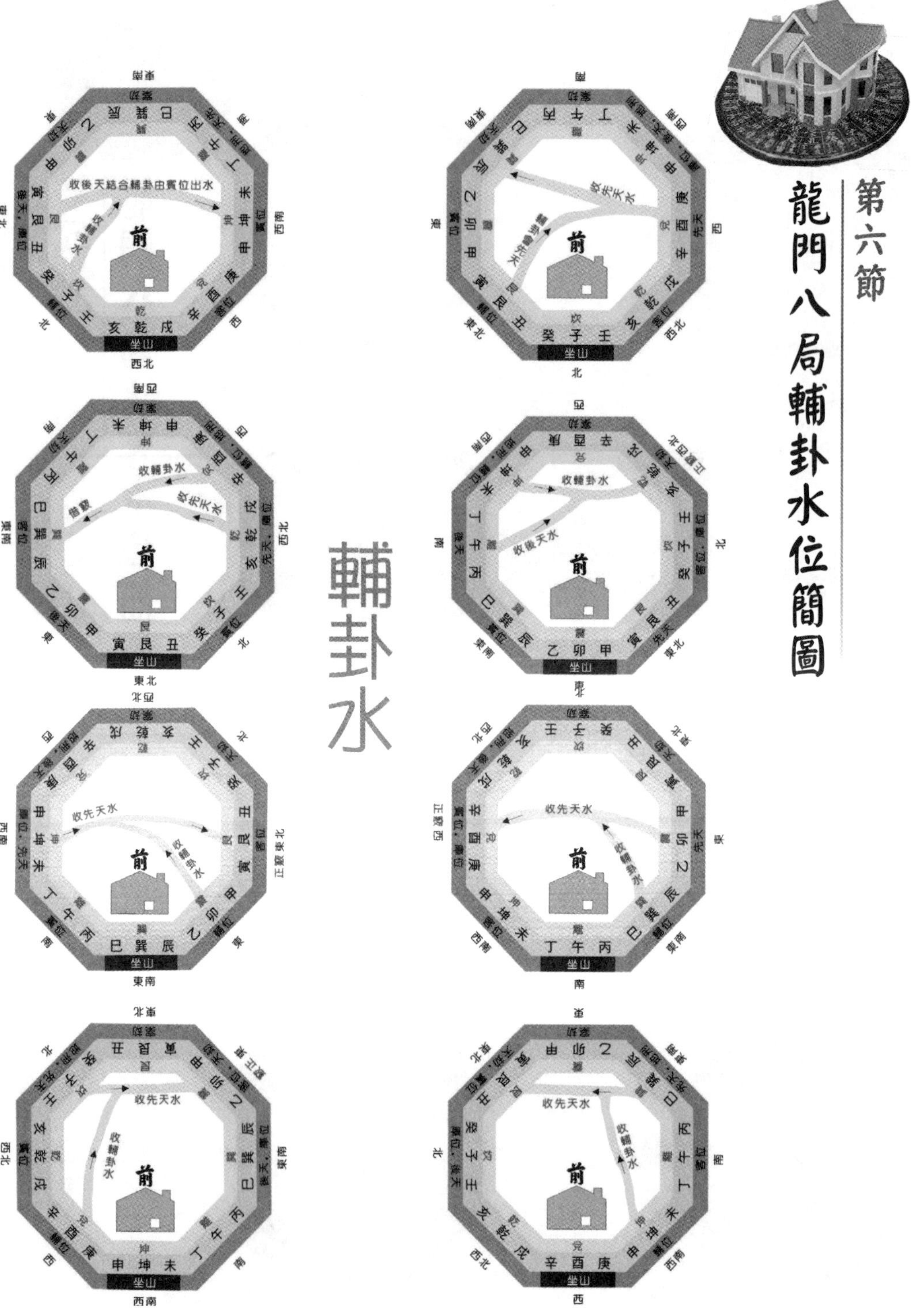

第七節 龍門八局庫池水位簡圖

庫池水

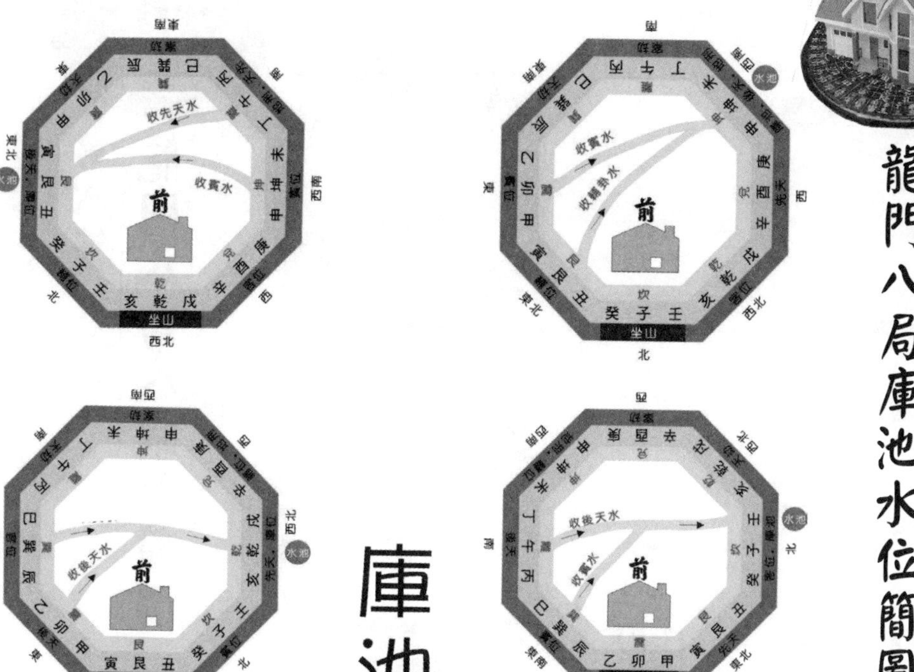

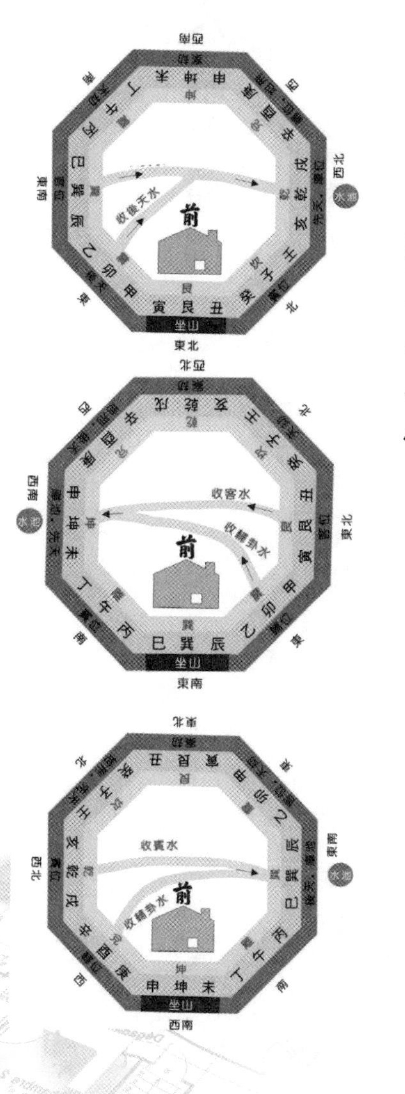

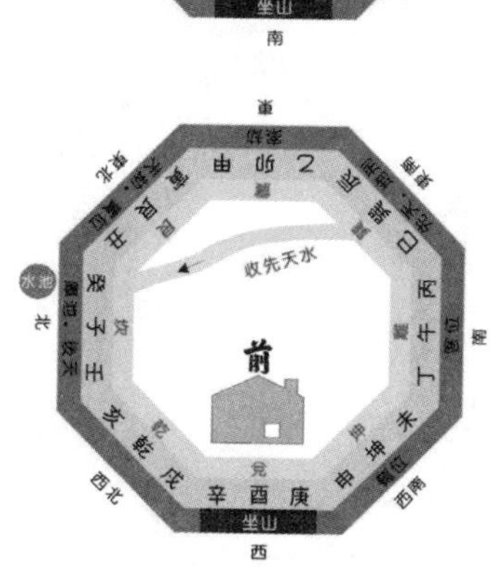

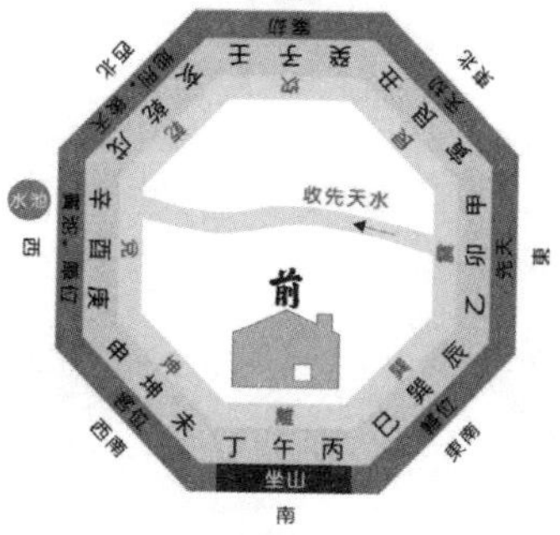

第八節 龍門八局八曜煞簡圖

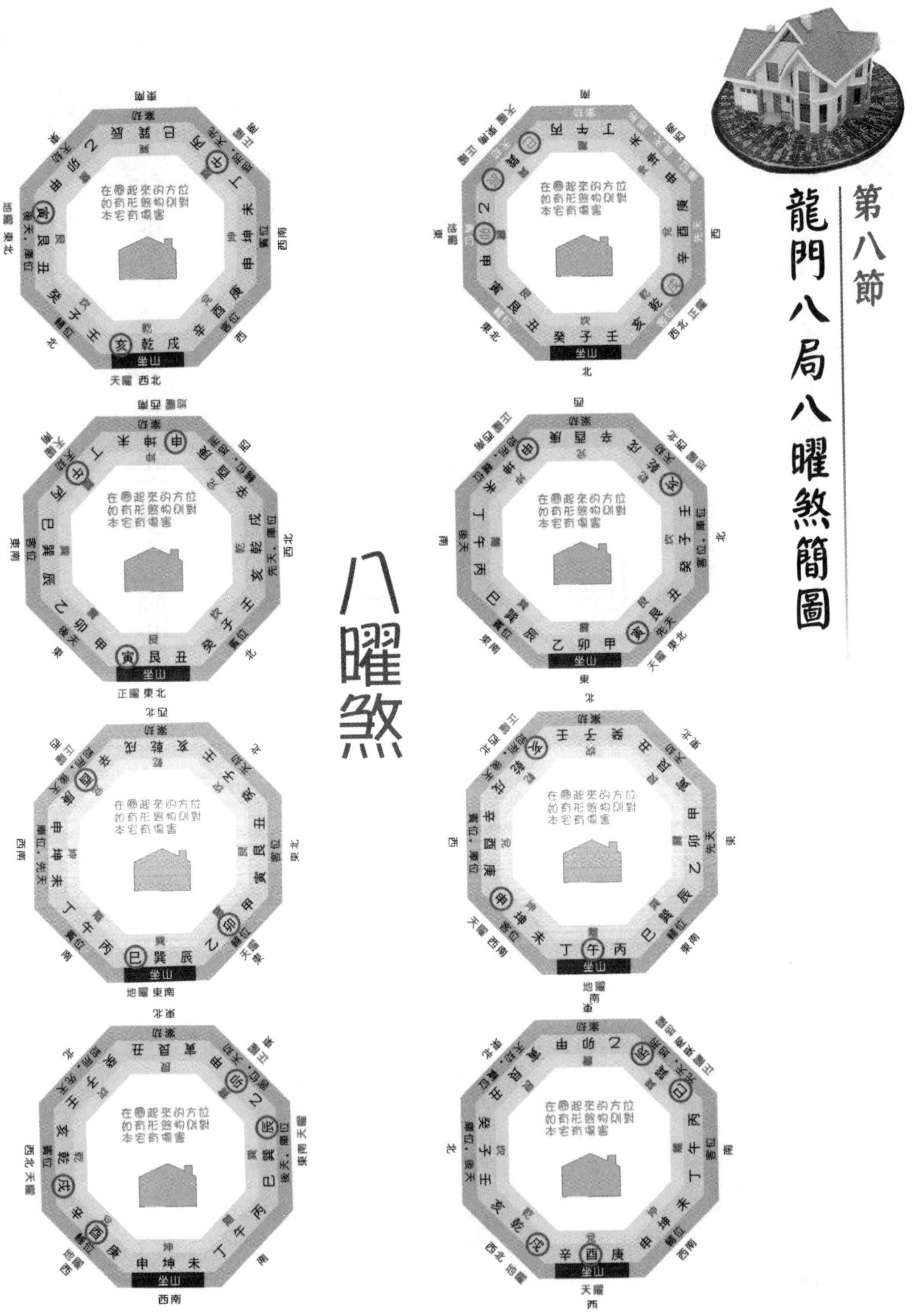

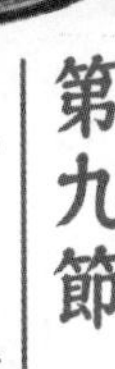

第九節 龍門八局凶惡水、意外血光水簡圖

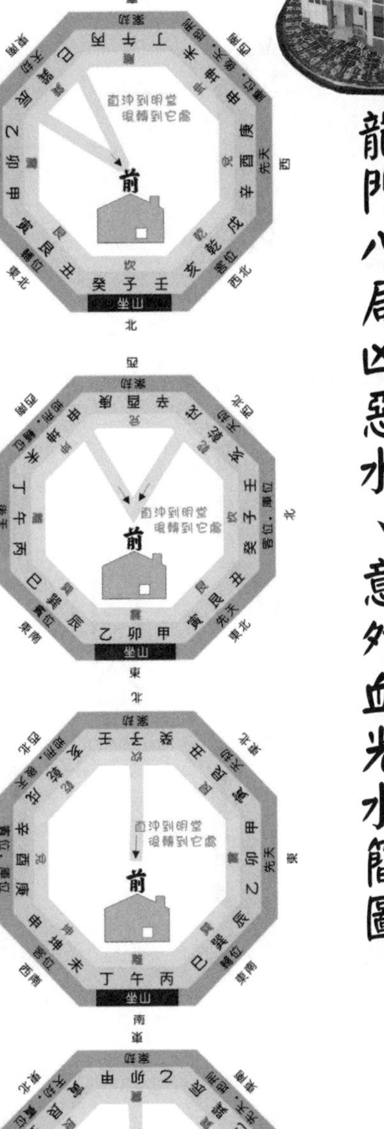

意外血光水

第十節 陽宅開門大吉簡圖

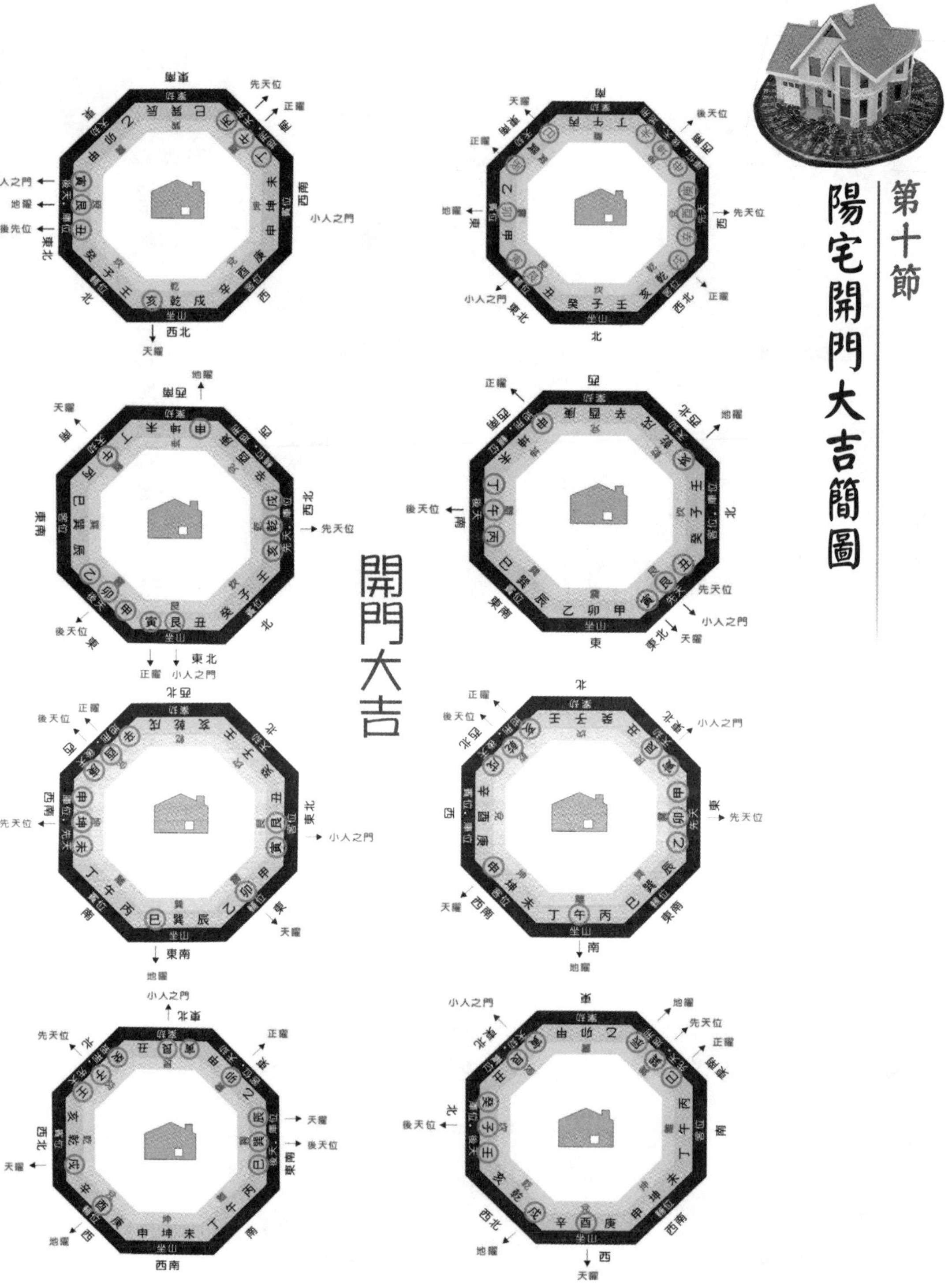

第十一節

龍門八局凶惡水法、桃花水簡圖

桃花水

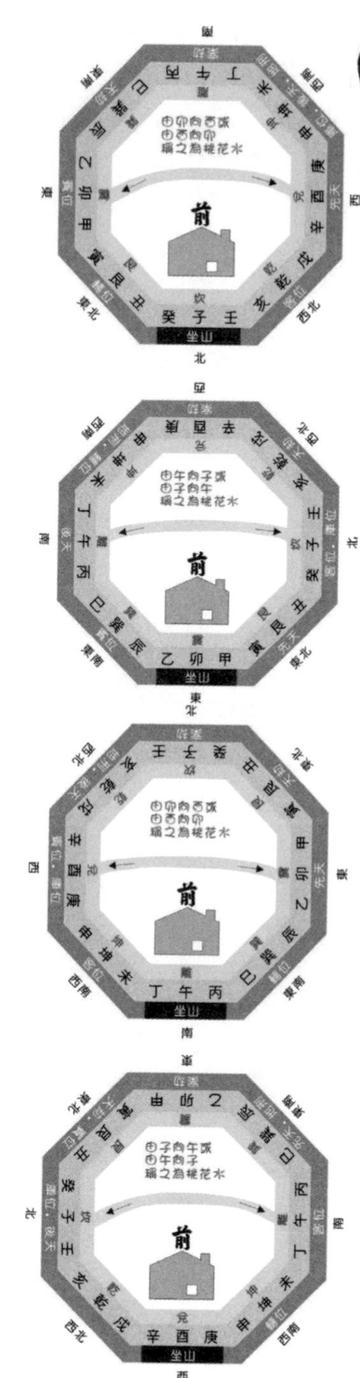

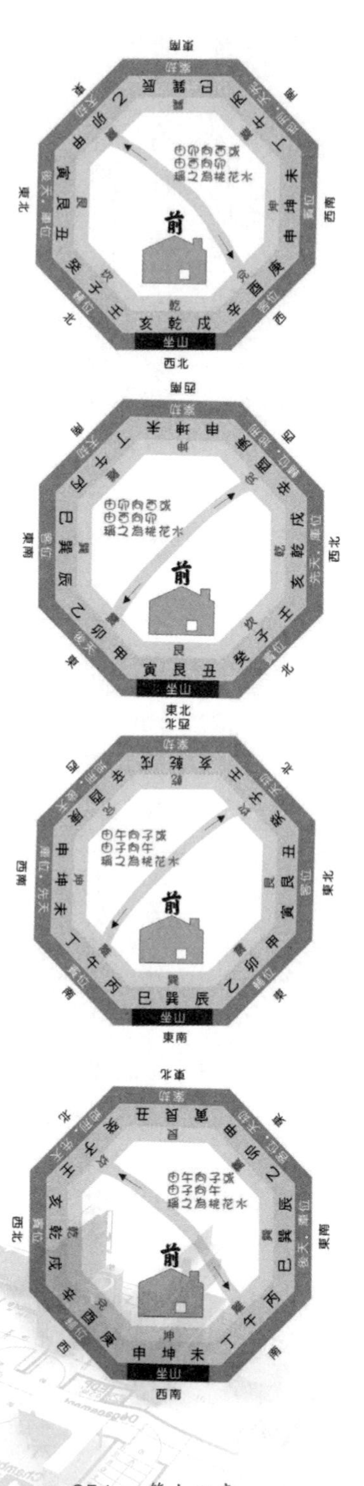

如果診斷出陰陽宅有不好的現象，以目前的環境要找到有好風水的陰陽宅並不容易，所以在藏傳密教中有一種可以改變陰陽宅不佳的風水吉祥物最具效果，安置後就不必為陰宅或陽宅所居之位置磁場不好而擔心。

第十五章

實際範例：運用乾坤國寶來進行陽宅診斷與規劃

如何論斷一間房子、公司、工廠或陰宅吉凶的標準方法及步驟

學完了乾坤國寶陽宅診斷與制煞的流程之後，我們在此用實際案例完整列出一間陽宅內外格局，如何取得資料以及如何量出各方位角度。只要正確輸入各角度，以及住在屋中的成員，就能完整診斷出一間陽宅各房間、廚房、書房、廁所、神位以及成員所住的房間好壞，好讓我們瞭解如何才能趨吉避凶。

首先要取得住在本宅成員的資料以及宅中各房間的所在方位

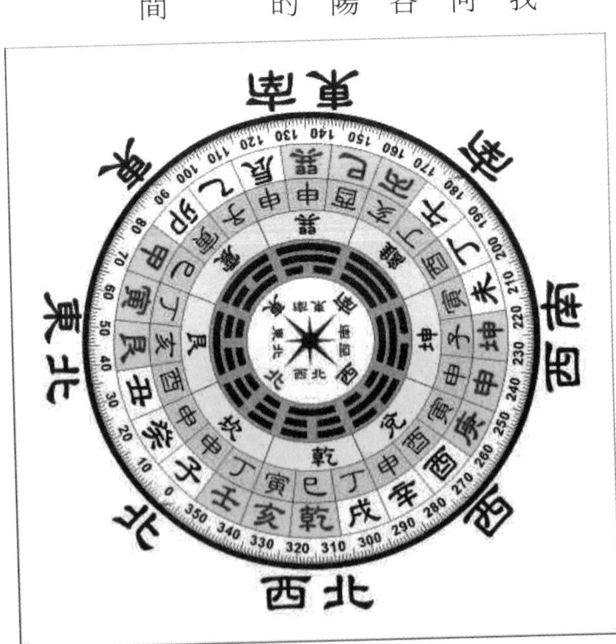

本宅方位及成員資料

屋宅座向：

座316度乾（正西北）方

向136度巽（正東南）方

本宅各項目所在方位座度：

大門：100度方

客廳：109度方

神位：225度，坤（正西南）方

書房：45度，艮（正東北）方

水路—來：202度方

水路—去：89度方

廚房（坐）：283度方

灶位（坐）：320度方
廁所（一）：270度，酉（正西）方
廁所（二）：41度方
水池：0度，子（正北）方
臥室（一）：250度方
臥室（二）：1度方
臥室（三）：60度，寅（東北東）方
臥室（四）：181度方
缺角：180度，午（正南）方
凸出：110度方
高大物：190度方
住幾樓：7樓
水路1—來：107度方

水路1—去：239度方

路沖：142度方

反弓：232度方

壁刀：331度方

形煞物：42度方

家中成員：

爸爸：黃大維；生日：1958/06/22，臥室：1，命卦：乾（西四命）

媽媽：邱小津；生日：1961/12/13，臥室：1，命卦：震（東四命）

女兒：黃曉梅；生日：1986/07/13，臥室：2，命卦：坎（東四命）

兒子：黃育群；生日：1989/07/13，臥室：3，命卦：坤（西四命）

下圖為本宅之形狀圖：

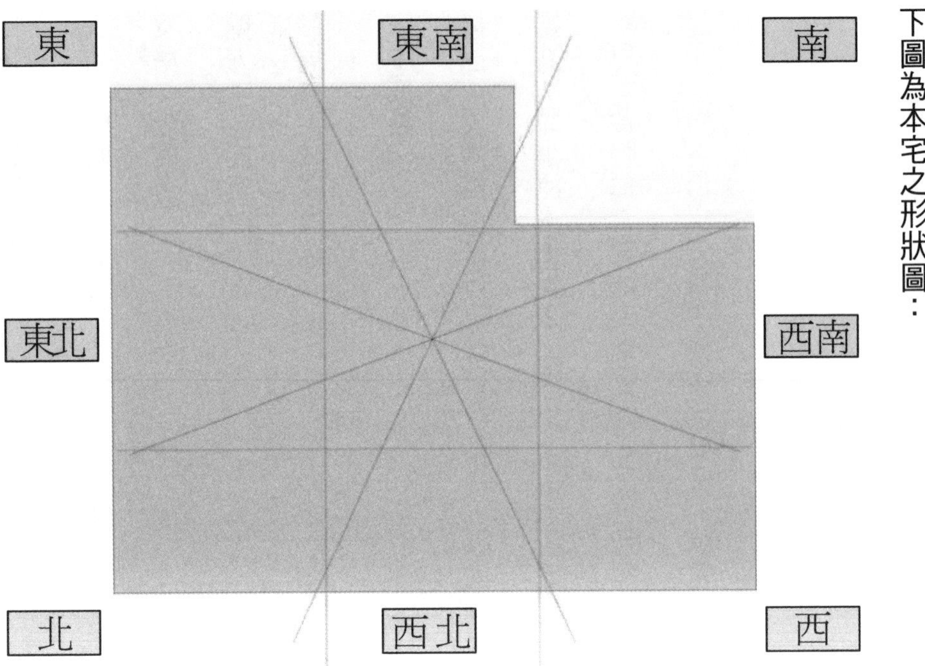

乾坤國寶論本宅格局卦山吉凶

龍門水法，每一卦局除了坐山卦位之外，都有先天位、後天位、地刑位、天劫位、賓位、客位、輔卦位、案劫位等八個局位，另有正曜煞（坐山八煞）、天曜煞（先天八煞）、地曜煞（後天八煞）、庫池位，以及讓水放流出之正竅位。

經診斷本宅為＿乾＿宅（座西北向東南）。

所以各方位的水路及形煞自然會影響本宅吉凶，請自我觀察各卦位情況。

各卦位吉凶解說：

一、先天位：（離卦—南方）

管人丁，此方來水朝堂（即過堂）旺人丁，去水流破則損丁。

二、後天水：（艮卦—東北方）

管財富，此方來水朝堂（即過堂）財旺妻健，去水流破則財產消耗殆盡。

三、天劫位：（震卦—東方）

天劫位是最凶的卦位，切忌有水沖射而來，去水則可。

四、地刑位：（離卦—南方）

地刑位有時會與先天位、後天位、輔卦位在同一卦位，所以基本上不喜水流出。若有則會有流破先天損丁，或流破後天損妻財之應驗。

五、賓位水：（坤卦—西南方）

賓位主應客財，來水旺女兒女婿一方，蔭外家姓子孫，去水則無妨。

六、客位水：（兌卦—西方）

客位主應客財，做外地生意不錯，來水旺女兒女婿一方，去水則無妨。

七、輔卦水：（坎卦—北方）

來水旺財丁，去水則凶。穴前有低窪聚池深廣者，主富貴。

八、案劫位：（巽卦—東南方）

以「向」論案劫，忌來水沖射，有尖物，案山破碎主家中不安，血光損丁。

九、庫池位：（艮卦—東北方）

庫池位就是財庫位，論財富之多寡，收放財銀之位，聚水愈深，財庫愈旺，最適宜清澈且取適當距離為佳。

十、曜煞位：（午、寅、亥方）

正曜、天曜、地曜，最忌門路沖射、屋角、屋脊、電線桿、水塔、高牆欄杆、大石土堆、煙囪、大樹、水路、電塔、尖角，應驗損丁、血光、破財、男女狂癲、吐血、癆疾、無恥之徒、藥碗不斷等等。

十一、中天水：（巽、甲、乙方）

中天水為正竅位，中天水又稱「案劫水」，宜出不宜入，得中天出水者主貴。出水口以乾、坤、艮、巽和天干為主，不可以地支當出水口，否則流破中天主大凶。故三元水法最重視的就是收先天水、後天水，出中天水口。

PS：經觀察後，如在該方位有明顯的局勢形成時，若是好的現象，那恭喜您！如有不佳的形煞對著自家，則要尋求改善之道！

龍門八局典型好格局《先後天水得位局》

一間陽宅，如果收先天水及後天水過堂並由正竅出水，這就是典型好格局《先後天水得位局》，旺人丁與旺妻財的最佳格局。

經診斷本宅為——乾—宅（座西北向東南）

坐戌乾亥向辰巽巳之正局，丙午丁（離卦）來水謂之收先天水，又丑艮寅（艮卦）來水謂之收後天水，水若來得長而去得遠者則財丁興旺，又中天出水在巽、甲、乙口，為此坐向最妙之局也。

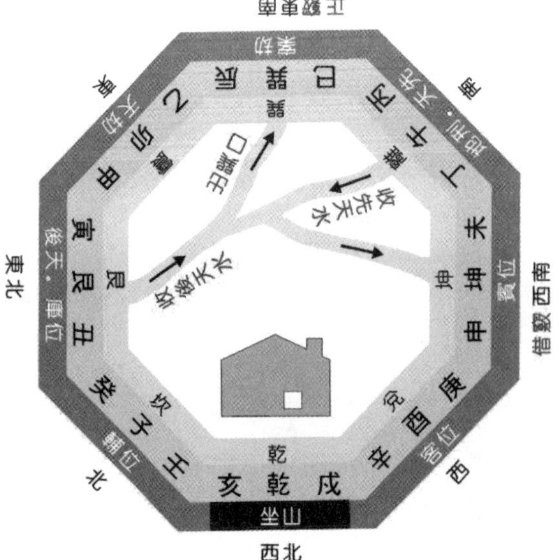

乾卦正局：戌山辰向、乾山巽向、亥山巳向（統稱乾山巽向）。

本表為各方位之水法簡介

1—坎、2—坤、3—震、4—巽、6—乾、7—兌、8—艮、9—離。

地	天	正	庫	輔	客	賓	刑	劫	後	先
寅	亥	午	8	1	7	2	9	3	8	9

先天：丙午丁　後天：丑艮寅　正竅：巽　中天：巽甲乙

天劫：甲卯乙　地刑：丙午丁　案劫：辰巽巳　賓位：未坤申

客位：庚酉辛　輔位：壬子癸　庫位：丑艮寅　曜煞：午亥寅

PS：請自行觀察後，看有沒有符合該局，來、去水之現象，如果有符合那恭喜您！如有流破的現象，則要尋求改善之道！

龍門八局旺人丁、妻財擇屋法

如果您想得到一種能旺人丁且旺妻財的格局房屋，就必須有先天水加後天水過堂，且由正竅出水，那就是一種旺人丁且旺妻財格局。

各卦坐山，（先↓先天水）方位表：

坐山	坎	艮	震	巽	離	坤	兌	乾
先天水	兌	乾	艮	坤	震	坎	巽	離

各卦坐山，（後↓後天水）方位表：

坐山	坎	艮	震	巽	離	坤	兌	乾
後天水	坤	震	離	兌	乾	巽	坎	艮

同時收到（先、後）天水朝堂，又出正竅位（中天水），為最佳之布局，主財丁兩旺。地局大，主大發；地局小，主小發。

經診斷本宅為＿乾＿宅（座西北向東南）

如果水由＿艮（東北）或＿離（南）方來經過明堂再由＿巽（東南）或＿坤（西南）方流出，就符合旺人丁與旺妻財的格局，下圖就是旺人丁與旺妻財的示意圖。

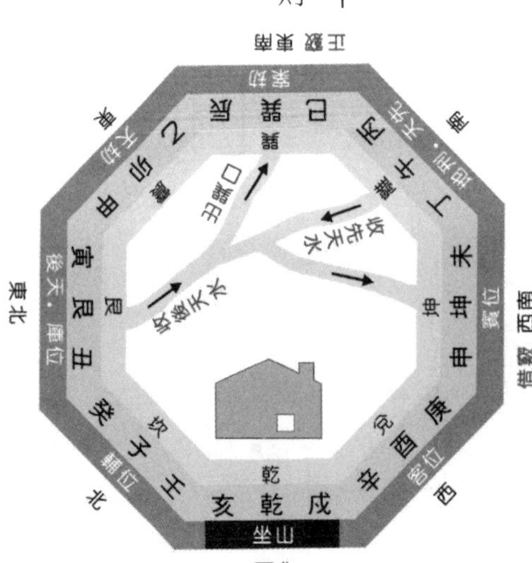

依資料分析：

本宅水路─來：202度離方，水路─去：89度震方，水路1─來：107度震方，水路1─去：239度坤方。

●診斷後：恭喜本宅符合收先天水，且由正竅出水。先天位：管人丁，此方來水朝堂（即過堂）旺人丁。

PS：請自行觀察，看有沒有符合該局，來、去水之現象，如果有符合那恭喜您！如有流破的現象，則要尋求改善之道！

龍門八局最差之宅屋

在選陽宅格局之土地或房屋時，千萬不要選到，同時流破（先、後）天水，此為最差之格局，簡稱為「消亡敗絕水」。地局大，主大敗；地局小，主小敗。終致內冷外耗，勞心費神，終生勞碌，孤苦無依之命。

收先天水且過堂，由後天位流出，是謂收先天流破後天，稱為「消水」。

收後天水且過堂，由先天位流出，是謂收後天流破先天，稱為「亡水」。

●收到「消」、「亡」敗絕水，主吐血、癆疾。若兼卦又不佳，立向不好，皆主夭亡、敗絕（絕嗣），故稱「消亡敗絕水」。犯了「消亡敗絕水」必須將來水或去水，逐一作修改迴避。

經診斷本宅為＿乾＿宅（座西北向東南）

如果水由＿離（南）方來經過明堂再由＿艮（東北）方流出，就符合消亡敗絕水的格局。

如果水由＿艮（東北）方來經過明堂再由＿離（南）方流出，就符合消亡敗絕水的格局。

下圖就是消亡敗絕水的示意圖。

依資料分析：

本宅水路＿來：202度離方，水路＿去：89度震方，水路1＿來：107度震方，水路1＿去：239度坤方。

●診斷後：本宅並無明顯的消亡敗水局，所以不論吉凶。

PS：請自行觀察後，看有沒有符合該局來水之現象，如果有符合，則要尋求改善之道！

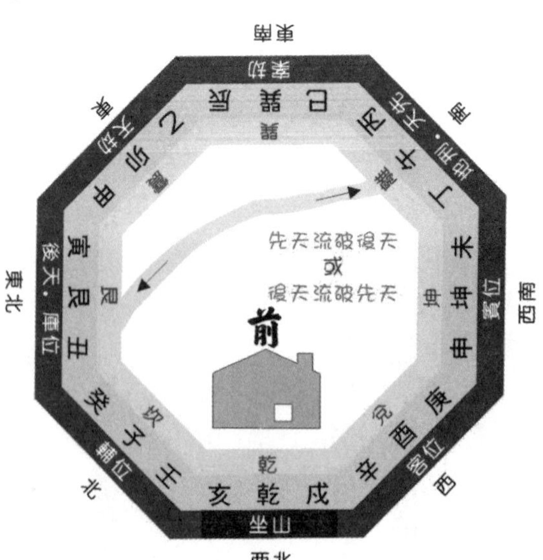

龍門八局三劫位吉凶論斷

如果您想得到一種平安格局之房屋，在陰陽宅之明堂前三個卦山（135度）的範圍，必須沒有任何形煞，才能稱得上是平安局。如果在正前、左前、右前有形煞物，那就必須注意可能會有剋應發凶之情況。

各卦坐山，（三劫位↓天劫、地刑、案劫）方位表：

坐山	坎	艮	震	巽	離	坤	兌	乾
天劫	巽	離	乾	坎	艮	震	艮	震
地刑	坤	兌	坤	兌	乾	坎	巽	離
案劫	離	坤	兌	乾	坎	艮	震	巽

三劫位（天劫、地刑、案劫）水宜出不宜來，包括陰陽宅水局、馬路、屋角侵射、古井欄杆、枯木、電線桿等等，如果該三方有此形煞，主藥碗不斷、婦女病、損財、損丁。

古有云：

天劫之水最是凶，此方流來不可當；
劫案瘋癲虛癆疾，家門伶丁損少年；
天劫刑案三刀位，屋角侵射卻如何；
家門夭折年年亡，難免兒孫見血光。

案劫位：

以宅「向」論案劫。明堂前最適宜寬闊明亮，忌堂前高壓逼迫，破碎不堪，來路或尖物沖射、煙囪、廟堂、電塔、大樹等，主應宅內不安，意外血光，損丁破財之象。

堂前有水或是形煞，主意外血光、開刀、患吐血、癆傷、心臟病，若天劫方再來水或是有形煞，則凶相更嚴重。

堂前反弓水或是圍牆反弓，主離鄉背井，家人離散，忤逆不孝，無情無義，朋友反背。

天劫位：

天劫位在案劫的左方或右方，是最凶的卦位。切忌有水沖射而來（去水為吉）或是任何的形煞（寬闊平坦為宜），主患吐血、癆傷之病，也可能出癲狂之人。

天劫方若有屋角侵射、欄杆、電桿等劫物，亦主癆傷吐血。天劫位及案劫位均忌來水，其一患之，已屬嚴重，若兩者都來水，則必損人口。

地刑位：

地刑位在案劫的左方或右方，有些卦位會與先天位、後天位或輔卦位在同一卦位，所以基本上不喜水流出。如若有水流出，則會應驗同位置之流破先天損丁，或流破後天損妻財。

地刑若犯了如案劫、天劫的形煞，同樣會產生凶應。只是天劫、案劫之形煞，屬於硬劫煞，舉凡車禍、血光、橫死等；地刑位屬於軟劫煞，舉凡慢性疾病，長期重症，而且較容易發生在婦女身上。

經診斷本宅為—乾—宅（座西北向東南）

如果水由—巽（東南）或—震（東）方來沖明堂或—離（南）—方有形煞物，就符合三劫位的格局，下圖就是三劫位的示意圖。

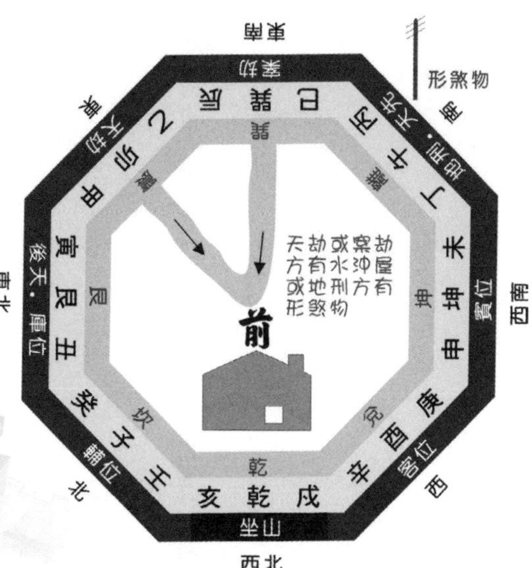

依資料分析：

本宅水路—來：202度離方，水路—去：89度震方，水路1—來：107度震方，水路1—去：239度坤方，

本宅刑煞物42度艮方。

●診斷後：本宅收到三劫方之水與刑煞物來沖射，所以會有意外血光、破財的現象。

PS：請自行觀察後，看有沒有符合該局，來水或刑煞物沖之現象，如果有符合則要尋求改善之道！

可安放羅盤、山海鎮、三十六天罡、種樹或盆栽來化煞。

龍門八局賓客水位吉凶論斷

如果您是做生意，想得到許許多多客戶之照應，如能有符合收賓客水之格局，那將能賓主盡歡。

各卦坐山，（賓、客↓賓位水、客位水）方位表：

坐山	坎	艮	震	巽	離	坤	兌	乾
賓位	震	坎	巽	離	兌	乾	艮	坤
客位	乾	巽	坎	艮	坤	震	離	兌

向首卦的先天卦位就是「賓位」。賓位來水過堂，主應旺女兒女婿，外姓子孫，去水則無妨。

向首卦的後天卦位就是「客位」。客位來水過堂，主應旺女兒女婿，適合做外地生意，去水亦無妨。

賓客水宜出不宜來，來者旺女口，蔭外家姓子孫及租屋之賓客，而且主人男丁退敗而旺女口多，若女兒招贅，勢必旺丁旺財。

賓客水與先天水合論：

賓客水朝堂，而先天水不朝堂或流破，主專旺女口，不旺男丁。反之，先天水朝堂，賓客水不朝堂或流出，主專旺男丁，不旺女口。

若已經流破先天，家中並無男丁，便可運用賓客水朝堂旺女口，認養或收養義子，讓女兒招贅，收其財丁兩旺之局。

經診斷本宅為＿乾＿宅（座西北向東南）

如果水由＿兌（西）或＿坤（西南）方來經過明堂再由＿巽（東南）＿方流出，就符合賓客水的格局，下圖就是賓客水的示意圖。

依資料分析：

本宅水路＿來：202度離方，水路＿去：89度震方，水路1＿來：107度震方，水路1＿去：239度坤方。

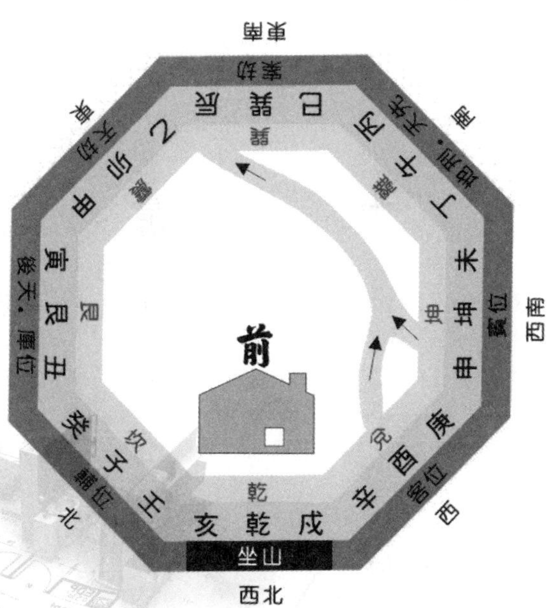

●診斷後：本宅並無明顯的賓客水局，所以不論賓客水之吉凶。

PS：請自行觀察後，看有沒有符合該局，來、去水之現象，如果有符合那恭喜您！如有流破的現象，則要尋求改善之道！

龍門八局輔卦水位吉凶論斷

如果您想得到一種能有貴人相助的屋宅，輔卦水就必須到位，過堂且由正竅出水，那就是俗稱的「貴人水」。

各卦坐山，（輔→輔卦水）方位表：

坐山	坎	艮	震	巽	離	坤	兌	乾
輔卦水	艮	兌	坤	震	巽	兌	坤	坎

輔卦位是除了坐山位、向山位、先後天位、賓客位、三劫位全扣掉外，所餘的卦位就是輔卦位，也是貴人位，若八卦全有，則與地刑同卦。

輔卦水以輔佐先後天水為主，宜來不宜去，來者旺人丁，去水則凶，穴前最喜有低窪聚池深且廣者，主富貴綿長。若流破輔卦則不僅徒勞無功，更可能有凶象之事發生。

經診斷本宅為＿乾＿宅（座西北向東南）

如果水由＿艮（東北）或＿坎（北）方來經過明堂再由＿坤（西南）方流出，就符合貴人旺的格局，下圖就是貴人旺的示意圖。

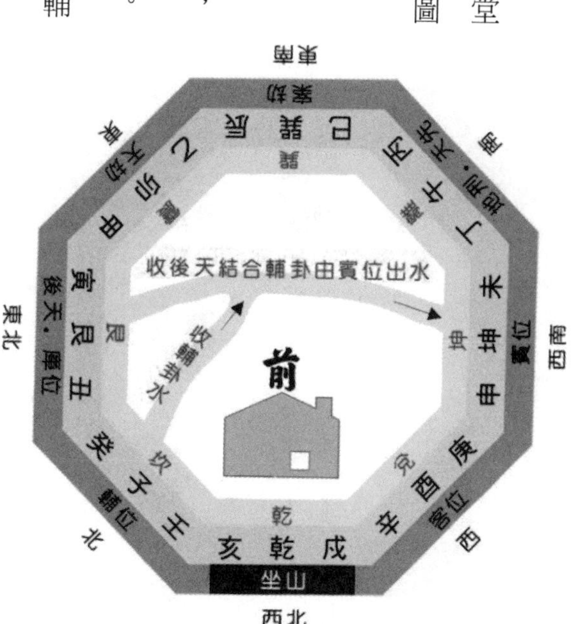

依資料分析：

本宅水路＿來：202度離方，水路＿去：89度震方，

水路1＿來：107度震方，水路1＿去：239度坤方。

●診斷後：本宅並無明顯的輔卦水局，所以不論輔卦水之吉凶。

PS：請自行觀察後，看有沒有符合該局，來、去水之現象，如果有符合那恭喜您！如有流破的現象，則要尋求改善之道！

龍門八局庫池水位吉凶論斷

如果您想得到一種有財庫滿滿格局之陽宅，那庫池位就很重要了，如果在宅的庫池位方有天然水池最佳，如果用人工造池方式當然也可。

各卦坐山，（庫→庫池位）方位表：

坐山	坎	艮	震	巽	離	坤	兌	乾
庫池位	坤	乾	壬	坤	辛	巽	癸	艮

庫池位就是財庫位，為宅外之財庫，論財富之多寡，收放財銀之位。如此處為景觀池、魚池、噴水池、聚池之位，最適宜清澈靠近，近穴發達快，遠穴則慢，聚池愈深廣，財庫愈豐厚。

經診斷本宅為＿乾＿宅（座西北向東南）

如果在＿艮＿方（東北方）有一水池，就符合財庫滿滿之格局，但應注意出水方位是否正確，下圖就是財庫滿滿的示意圖。

依資料分析：

本宅的水池在0度子方。

●診斷後：本宅並無明顯的庫池水的格局，所以不

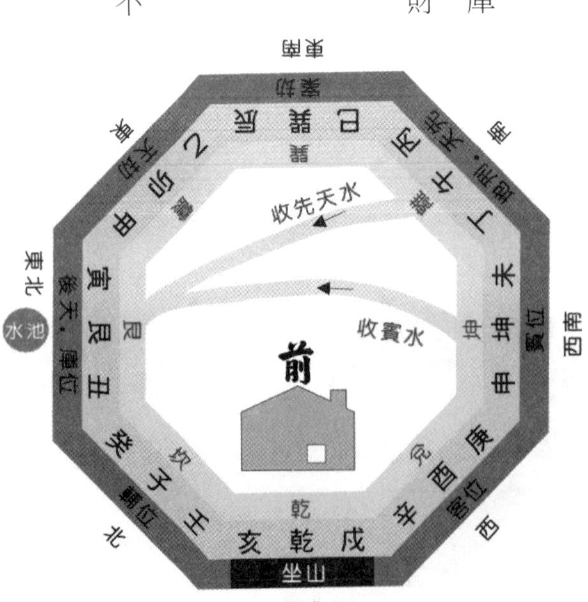

論庫池水之吉凶。

PS：請自行觀察後，看有沒有符合該局，來、去水之現象，如果有符合那恭喜您！如有流破的現象，則要尋求改善之道喔！

八曜煞吉凶論斷解說

如果您想得到一種平安格局的房屋，在陽宅周遭就不能存在任何的形煞，才能稱得上是平安局。如果在（正曜、天曜、地曜）處有形煞物，那就必須要注意可能會發凶。

各卦坐山，（正、天、地↓正曜、天曜、地曜）二十四山對應方位表：

坐山	坎	艮	震	巽	離	坤	兌	乾
正曜	辰	寅	申	酉	亥	卯	巳	午
天曜	巳	午	寅	卯	申	辰	酉	亥
地曜	卯	申	亥	巳	午	酉	辰	寅

曜煞是坐山之八卦五行，受到地支同陰陽之剋，為坐山本卦、先天卦、後天卦之官鬼爻，其歌訣曰：

坎龍坤兔震山猴，巽雞乾馬兌蛇頭；
艮虎離豬為曜煞，宅墓逢之立便休。

曜煞分為正曜、天曜、地曜，龍門八局以坐卦為基準，八煞取義於八卦五行。坐山八煞位，稱為「正曜煞」；先天卦八煞位，稱為「天曜煞」；後天卦八煞位，稱為「地曜煞」，三者合稱為「三曜煞」。

曜煞方所占的區域方位以地支為主（十五度一個坐山），不同於前（四十五度一個卦山），所以範圍較小。

曜煞位最忌門路沖射、屋角、屋脊、電線桿、水塔、高牆欄杆、大石土堆、煙囪、大樹、水路、電塔、尖角，應驗損丁、血光、破財、男女狂癲、吐血癆疾、無恥之徒、藥碗不斷等等。若犯一曜煞則常常吃藥，犯二曜煞則神經錯亂、躁鬱難安，犯三曜煞則出狂癲之人，若同時又犯三劫案，則會更加嚴重，除損丁耗財之外，甚至有絕嗣之慮。

經診斷本宅為＿乾＿宅（座西北向東南）

如果在＿午、亥、寅＿方有形煞物，就符合八曜煞的格局，有可能會發凶，下圖就是八曜煞的示意圖。

依資料分析：

本宅的形煞物在42度艮方，路沖在142度巽方，反弓在232度坤方。

●診斷後：本宅曜煞方並無明顯的刑煞物來沖，所以不論吉凶。

PS：請自行觀察後，看有沒有符合該局，來水或刑煞物沖之現象，如果有符合則要尋求改善之道！

可安放羅盤、山海鎮、三十六天罡、種樹或盆栽來化煞。

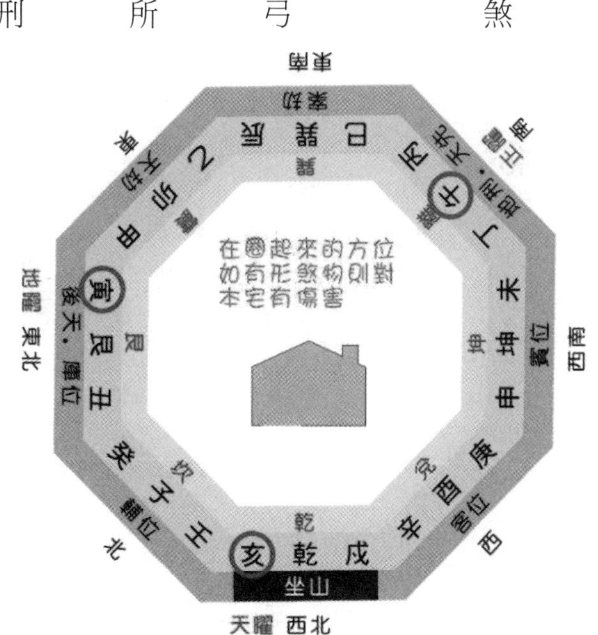

龍門八局凶惡水、意外血光水

如果您屋宅的特定方位有水來，那就可能會有犯意外血光的機會！

意外水法：

坎山（坐北）——辰、巳方有水來。

艮山（坐東北）——午、申方有水來。

震山（坐東）——申、戌方有水來。

坤山（坐西南）——卯方有水來。

兌山（坐西）——卯方有水來。

乾山（坐西北）——辰方有水來。

巽山（坐東南）——戌方有水來。

離山（坐南）——子方有水來。

以上八個卦局的各自來水方，是為「刑戮水法」，主遭刑戮或盜殺敗亡。

經診斷本宅為＿乾＿宅（座西北向東南）

如果水由＿辰＿方流向明堂，就符合意外血光的格局，下圖就是意外血光的示意圖。

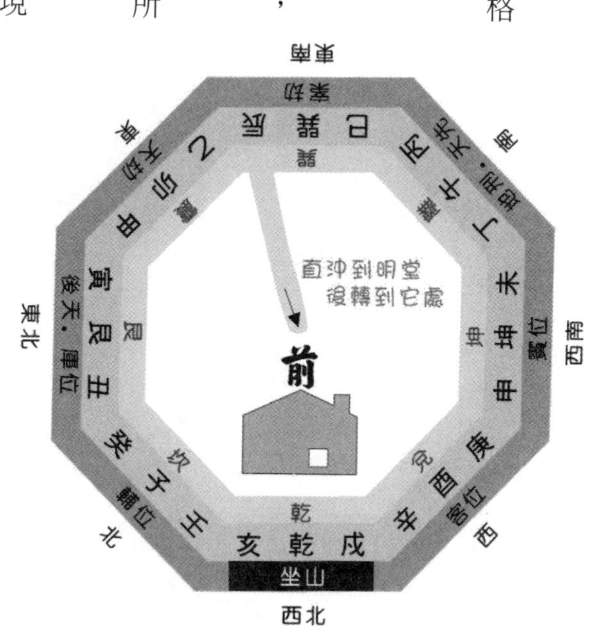

依資料分析：

本宅水路＿來：202度離方，水路＿去：89度震方，水路1＿來：107度震方，水路1＿去：239度坤方。

●診斷後：本宅並無明顯的意外血光水的格局，所以不論意外血光之現象。

PS：請自行觀察後，看有沒有符合該局來水之現象，如果有符合，則要尋求改善之道！

龍門八局凶惡水、桃花水

如果您屋宅的正東、正南、正西、正北，任何一方有水來，那就可能會有桃花機會！

桃花水法：

子、午、卯、酉，謂之桃花，任何一方來水就是桃花水，又稱「咸池水」。收到桃花水皆主此宅屋內之人易犯桃花。

三刀案之案劫不宜來水，但若是子山午向（午方來水）、午山子向（子方來水）、卯山酉向（酉方來水）、酉山卯向（卯方來水），均主驟然大吉，但還是屬於收到桃花水，犯桃花之水局難免。

不論坐向，若收到桃花水，又流向桃花位，稱為「遊魂桃花水」，主出婦女淫亂，與人私奔，家運漸退。

經診斷本宅為＿乾＿宅（座西北向東南）

如果水由＿卯＿或＿酉＿方來經過明堂再由＿酉＿或＿卯＿方流出，就符合桃花水的格局，下圖就是桃花水的示意圖。

依資料分析：

本宅水路＿來：202度離方，水路＿去：89度震方，

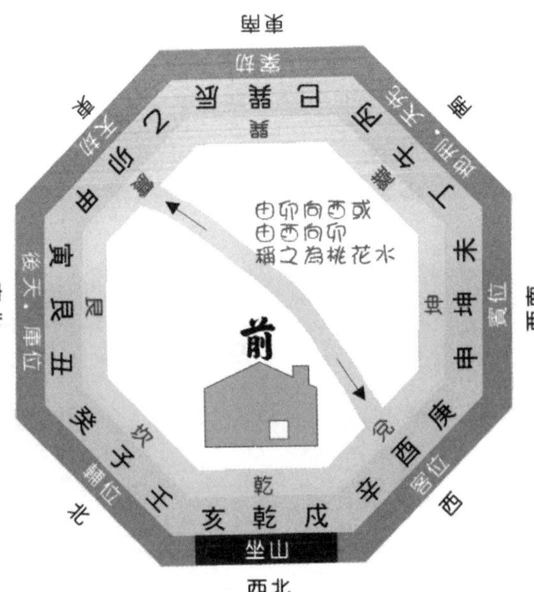

水路1—來：107度震方，水路1—去：239度坤方。

●診斷後：本宅並無明顯桃花水的格局，所以不論桃花之現象。

PS：請自行觀察後，看有沒有符合該局，來、去水之現象，如果有符合那恭喜您！如有流破的現象，則要尋求改善之道！

各坐、向陽宅實務吉凶論斷

本單元就是依目前的宅向來分析各方位之吉凶現象，在各方位如有吉的解說，請加強布局，如果是凶的解說，請加強防範，並且移除或制化不利的形煞物。

經診斷本宅為——乾—宅（座西北向東南）

乾卦：戌山辰向、乾山巽向、亥山巳向（統稱乾山巽向）。

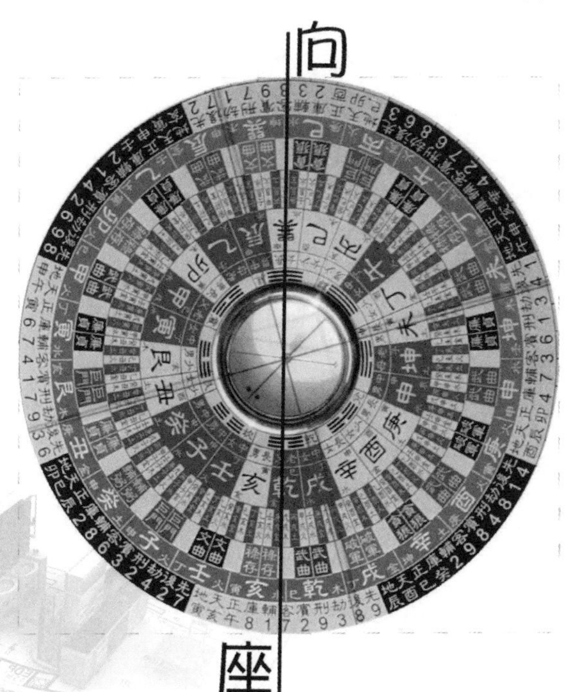

本宅各項目所在方位座向：

水路—來：202度方

水路—去：89度方

水路1—來：107度方

水路1—去：239度方

水池：0度，子（正北）方

高大物：190度方

路沖：142度方

反弓：232度方

壁刀：331度方

形煞物：42度方

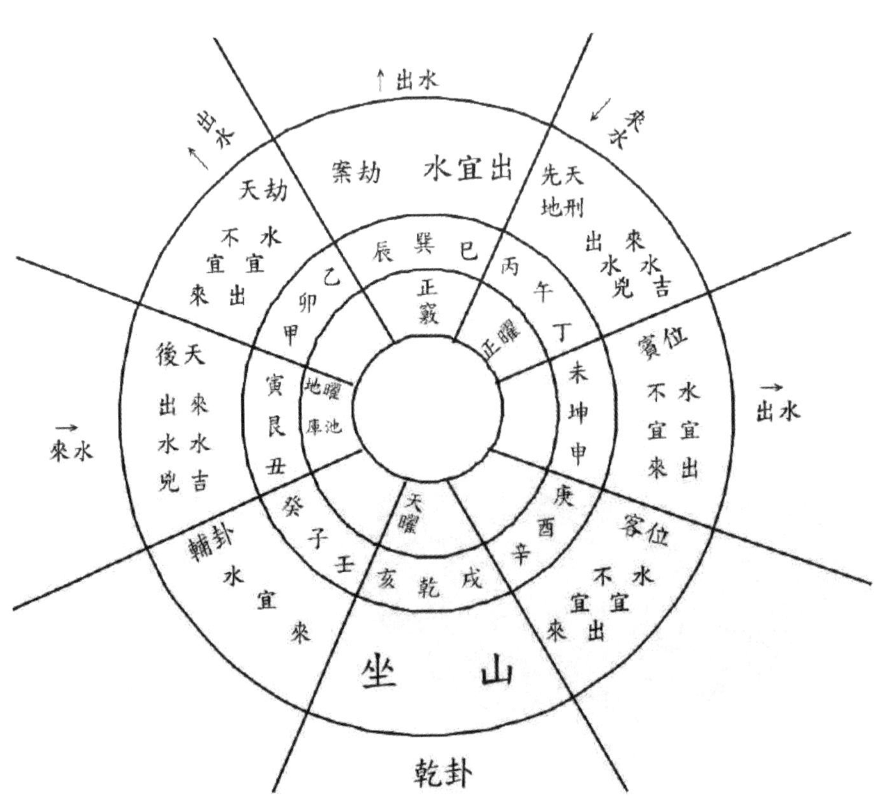

各卦位吉凶解說：

1、坐山：（乾卦—西北方）

忌古木、水井、大石、凹陷，主應居家不安寧。

2、輔卦位：（坎卦—北方）

宜聚埤、池水。

3、後天位、庫池位：（艮卦—東北方）

有聚水愈深，財庫愈旺，要澄清近穴。

收來水過堂則財旺，去水流破必有損財之應。

4、天劫位：（震卦—東方）

收天劫水（藥碗水），主家中常有臥病之人。

屋角、電柱、大樹、水塔、橋箭沖射，地運來必見血光，主應車禍、夭折、退敗。

5、案劫位、中天位：（巽卦—東南方）

屋角、大石、古井、枯木、古松侵射，主損幼丁、車禍、血光、意外、敗絕。

中天位水宜出不宜入，正竅位出水口阻塞，主家人有眼疾。

6、先天位、地刑位：（離卦—南方）

不可有電柱、水塔、屋角等沖射。

流破先天水，主損丁。

地運來應主官訟、生病。

7、賓位：（坤卦—西南方）

水來發女口、本姓冷退。

收艮方來水流向坤方，主旺丁旺財。

8、客位：（兌卦—西方）

水來發女口、蔭外家子孫、本姓易退敗。

9、曜煞位：（午、亥、寅方）

曜煞位最忌門路沖射、屋角、屋脊、電線桿、水塔、高牆欄杆、大石土堆、煙囪、大樹、水路、電塔、尖角，應驗損丁、血光、破財、男女狂癲、吐血癆疾、無恥之徒、藥碗不斷等等。

陽宅開門實務之吉凶論斷

大門為住宅之出入口，如同人的嘴巴，乃是言語與萬物造化之門，賞罰與是非之所聚。大門為納氣之口，氣由平地起，隨門而入，吉位所納之氣，宅內必然形成好的氣場，一家人健康平安。若立門為凶，宅內氣場就會混濁雜亂，運勢多舛，衰敗滅絕。建造陽宅首先考慮立門，而後立向，是故地理書云：「寧為人家造十墳，不為人家立一門。」可見每日出入之大門，對宅內居住之人，是何等的重要。

一間陽宅的好壞，內外布局及形煞關係甚鉅，注意的事項也非常多，不過「門」為納氣口，乃是每天出入必經之所，是故其重要性就不言可喻了。龍門八大局有其開門忌

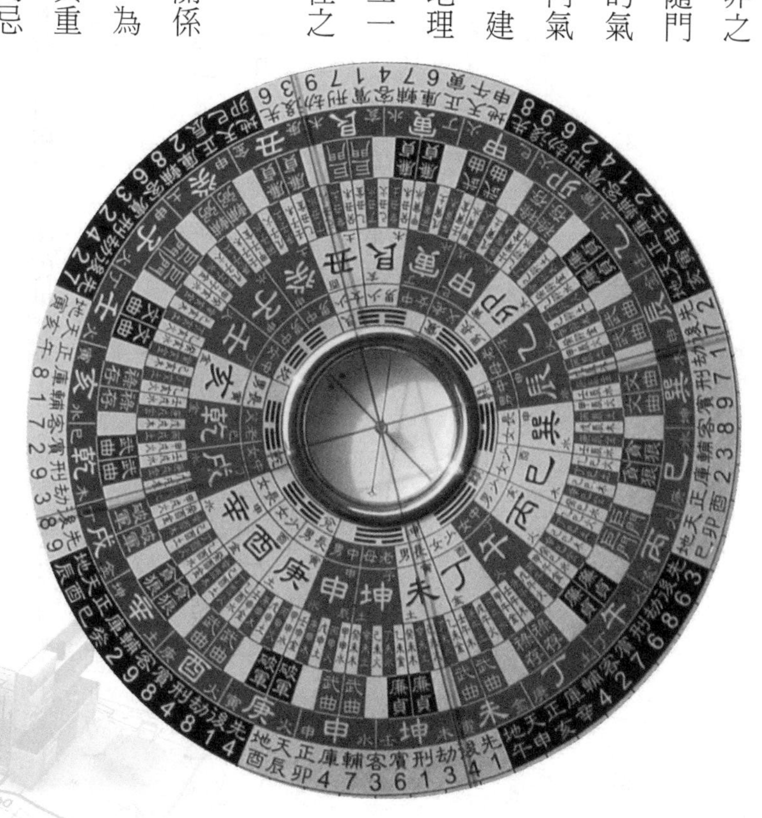

諱的地方，每種坐向之宅都有其不可開錯門的忌諱。

如檔案所示，八個卦位在羅盤最後一圈就是直接標示出乾坤國寶十一個方位的功能特性。

【1—北方】、【2—西南方】、【3—東方】、【4—東南方】、【6—西北方】、【7—西方】、【8—東北方】、【9—南方】。

【先—先天位】、【後—後天位】、【劫—天劫位】、【刑—地刑位】、【賓—賓位】、【客—客位】、【輔—輔卦位】、【庫—庫池位】、【正—正曜】、【天—天曜】、【地—地曜】。

不可開門的位置（含前、後、側、房門），蓋因在以下方位開門會有凶禍之應。

1、先天位：

若犯：

(1)．開門會損丁，懷孕當年會發生流產或生產不順，若是懷孕再搬進去住者，其小孩於十六歲之前難養育且叛逆性強。

(2)．財敗。

(3)．生理病痛。

2、後天位：

若犯：

(1)．開門損妻財。

(2)．生理病痛（女生），生產見血光、生產不順、經期疼痛。

3、正曜方：

若犯：

(1)．開門會出癲人（作家、藝術家、地理師、道士、和尚等專門人士）。

(2)．生理病痛，依填實、吊沖論斷發生時間。

(3)．財敗。

4、天曜方：

若犯一曜煞則常常吃藥，犯二曜煞則神經錯亂、躁鬱難安，犯三曜煞則出狂癲之人。

5、地曜方：

若犯一曜煞則常常吃藥，犯二曜煞則神經錯亂、躁鬱難安，犯三曜煞則出狂癲之人。

6、艮寅門：

此為「小人之門」，任何卦位均不能開。

若犯：

⑴．小人是非、劫財。

⑵．官非訴訟、口舌是非、宅內人事失和不得安寧。

經診斷本宅為──乾──宅（座西北向東南）

房子門開在──丑艮寅、亥、丙午丁──方，如果門是開在下圖劃圈圈處則代表是不佳之門，宜求改善之道，如不是開在圈圈之處則表示為平安之宅，下圖就是不可開門位置示意圖。

依資料分析：

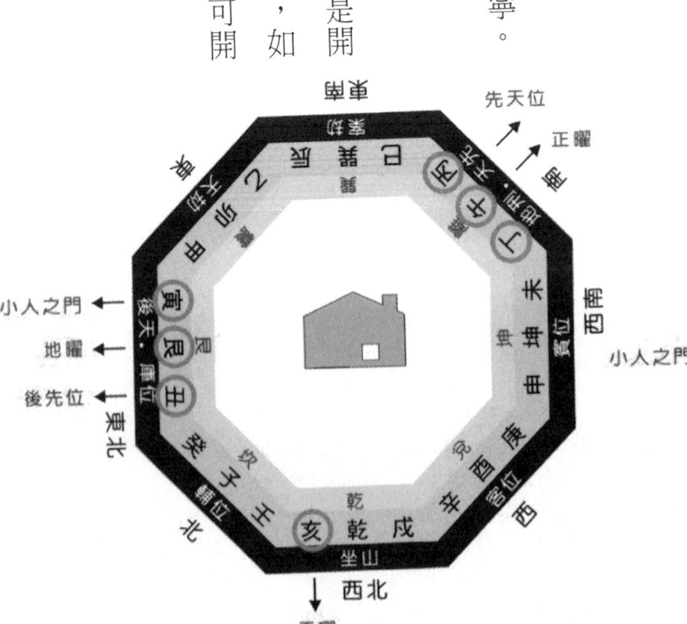

本宅的大門在100度乙方，側門在70度甲方，後門在340度壬方。

●診斷後：咱門家並沒有門開在不該開門的位置，所以不論吉凶。

PS：

(1)．開門要優先選地支位開門（所謂門向地中行的意思）。

(2)．請自行觀察後，是否有不該開門的現象，若有符合則要尋求改善之道！可安放羅盤、五帝錢、銅鈴、招財化煞財神袋，予以開運化煞。

乾坤國寶本宅各方位診斷細論

龍門八大局水法，每一卦局除了坐山卦位之外，都有先天位、後天位、地刑位、天劫位、賓位、客位、輔卦位、案劫位等八個遁局位，另有正曜煞（坐山八煞）、天曜煞（先天八煞）、地曜煞（後天八煞）、庫池位，以及讓水放流出之正竅位。於此之外，另有影響陰陽宅吉凶的方位論述，在

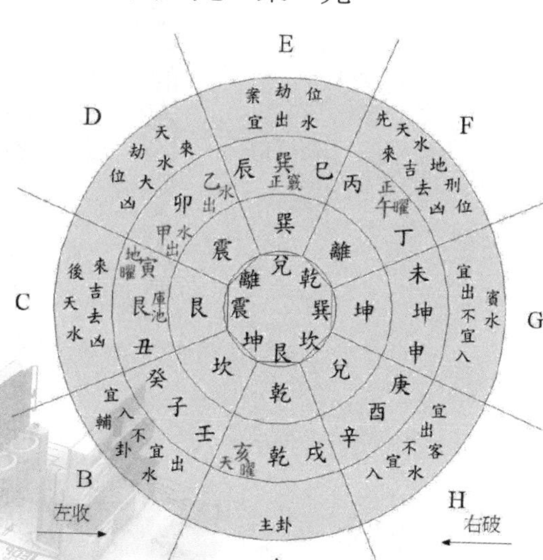

此謹以更詳細的資料與讀者們共同研究，希盼對於乾坤國寶龍門八局的風水學，能夠更加認識與了解。

經診斷本宅為——乾——宅（座西北向東南），各方位會產生的吉凶如下所述：

本宅各項目所在方位座度：

水路—來：202度方

水路—去：89度方

水路1—來：107度方

水路1—去：239度方

水池：0度，子（正北）方

高大物：190度方

路沖：142度方

反弓：232度方

壁刀：331度方

形煞物：42度方

各方位吉凶詳細論斷：

一、先天位：離卦（南方），又是地刑位，故此方不可有形煞。

（一）、離為乾卦之先天位，主出丁之氣。

輔卦（坎）水流來破先天（離）與地刑，而直去外局者，則若非妻子即是家中成年男性，此兩者必有一人會受損傷甚至死亡。因地刑與先天同局氣，故流破先天則損丁，傷地刑則損妻，斷曰：失一頭也。

（二）、內局若破先天，必定會損傷幼小的男孩子；外局若破先天，則男孩必定會夭折。

（三）、在午方（正曜煞）有尖銳的斜角，如刀形（先天位與地刑位）：

1、引賓客水、天劫水來破先天（離）位，會導致被傷害，刑殺也。

2、引先天水與天劫水帶午刀去破賓、客位，則代表我去傷害他人也。

（四）、午山（正曜煞）。

1、離水（先天）來，而艮方（後天）去，叫做破後天，則家中婦女會難產甚至死亡，因此可能會再婚，此外也會破財。

(1)、出丑水↓二房敗。
(2)、出艮水↓敗長房。
(3)、出寅水↓敗三房。
(4)、若艮方有大池塘深廣如海，則會大發巨富，因妻致富。
2、忤逆水流來過堂，則子女不孝順，叛逆，會責罵父母。
3、甲卯乙，一、二、三房之分水，曰先發而後敗。

二、後天位：艮卦（東北方），又是庫池位。

（一）、艮卦為乾卦之後天位及庫池位，主發財之氣。
1、後天（艮卦）位，流過堂前，主大發財丁，若能長長而來且去得遠者，皆清秀、潤澤，則發福綿遠。
2、若收後天（艮卦）之水去破先天（離）位者，則有財無丁。
3、若水反射從後天（艮卦）位而去者，則會有損妻、破財之事。
(1)、水由後天之地支位流出者，代表婦人會有筋絡方面的病症。
(2)、內局破後天，代表婦人的筋絡或子宮方面有病。
(3)、外局破後天，代表婦人之虛勞損，或墮胎、血崩、產厄，或暴疾、破財、損婦人。

（二）、後天位：

1、有樹木者，主應肝胃之病。

2、有竹、樹、籬笆、圍牆，遮住後天位而不見者，謂之閉塞不清，則財被阻也。

3、有屋角或有石塊高而且尖銳者，主應肝胃之病。

1. 其形態傷胃者，就患胃病（木剋土）。

2. 其形態傷肝者，主肝病（金剋木）。

（三）、水流去破後天位，可能會導致肝胃之病。

（四）、寅山（地曜煞）。

1、艮水（後天）來而離水（先天）去，叫做破先天，代表年紀輕輕就會死亡，又會大損壯丁，也會造成只有一個男孩傳宗接代，但是沒有後代的情況比較多。

(1)、水出丙方，二房敗。

(2)、水出午方，敗長房。

(3)、水出丁方，敗少房。

(4)、若離方有深廣的大水池，則反而大旺人丁，但會出浪蕩子，在職而退職，在官而退官。

2、震方若有大池塘，大旺財丁。

3、艮水（後天）來而坤水（賓位）去，這稱為借竅之局，會使人大發財，又叫做木城水法。

4、艮水（後天）來而兌方（客位）去，亦吉。但因為本卦，右方失去平衡，故久後少房凶。

5、天劫（震）水來而會合後天（艮）水，再出客、賓位而去。

(1)、會使人大發巨富，而且人丁之個性，好強又有魄力。

(2)、但天劫水來，凶猛，故必然相應著凶事發生，主吐血、癆疾、惡死。

6、收後天（艮）水過堂，而會賓、客水，同歸正竅（巽）而出，主大富。

7、收賓、客水流向先天位，再流來過堂，而會後天水同歸正竅而出，代表富貴雙全。

8、收後天水過堂，會先天水出正竅，也為富貴雙全。

9、收先、後天、輔卦水而出正竅，必富貴雙全。

10、先天離卦水朝來，會大旺人丁，而會合後天艮水流來，且由巽方而去，則房房大發財丁。巽在辰之右，所以長房、三房亦吉。

11、水若從明堂中直直的流出，久後退敗，所以應該將直水做一些遮攔較好。

12、後天艮卦水朝來，雖能富有，卻是靠從事勞力、體力的工作致富。丑方來旺二房，艮方來旺長房，寅方來旺三房。

13、後天艮卦水朝來，若會合先天水（離），而出巽方，則房房大發財丁，而且讀書考試成績優異，可說是天下第一水口。

14、收先、後天、輔卦水聚明堂而出正竅，必富貴雙全。

15、收先、後天水而聚明堂，再歸正竅而出，必富貴雙全。

三、賓位：坤卦（西南方）。

（一）、坤卦為乾卦之賓位。

（二）、賓位（坤卦）之水來，然後出正竅，主外財多入，貴人多幫助。

（三）、賓位（坤卦）之水來，流破先天（離）位而出，代表家中女性人口較多。

（四）、賓位（坤卦）之水來，再從午方流出，則性格會變得風流好色。

四、客位：兌卦（西方）。

（一）、兌為乾卦之客位。

（二）、引賓客之水來破先天位，會使女性人口多而缺少男孩子。

（三）、客位（兌卦）之水來，再從午方流出，則性格會變得風流好色。

五、案堂：巽卦（東南方）。

（一）、辰山：

1、有門路、窗門，如繩索或者像是鎖犯人的刑具，表示會有官司事件，牢獄之災。

2、有水直去，代表會為了打官司而破財。

3、有破，會患很久都治不好的病，瘋跛殘疾、癰背、腫脹、落水、血崩、痔漏、兔唇、喑啞耳聾、遭殺傷、陣亡。

4、先後天水不流來堂前，艮方後天水反而倒流出去。戌水直去、辰水亦直去而不收攔者，會出乞丐。

5、甲乙辰方之水是惡死水，會有意外血光之災，嚴重者會傷亡。

（二）、巽山：為乾卦出水之正竅位。

1、水出巽，房房發福，是內局第一水口。

2、收先後天水來而出巽山，則財丁俱旺。

3、有木頭、石尖（頭）塞之於流水中，主眼疾、或眼盲。流水溝不宜有尖角塞立於水中心，亦主眼疾。

（三）、地支出水，則婦女會有月經方面的疾病。

（四）、辰戌丑未是刀位（寅申巳亥亦同），此方若有電線桿等物傷來，立刻會有血光之災。

1、堂劫（巽卦）水來，叫做穿心水，主大凶，會得心臟病而暴斃。

2、堂劫（巽卦）水來，而歸艮去，會再婚，男人不論貧富均好色，喜歡流連於花街柳巷。

3、巽卦水來而歸離方去，叫做破先天，會大損壯丁。

4、巽水來而歸艮卦去，叫做消亡敗絕水，久後人口稀少凋零，家運退敗。

(1)、辰方水或路來，家中會鬧鬼。
(2)、辰方有山，如同鎖犯人的刑具或路如繩索，表示可能會死在牢獄之中。
(3)、乙辰方有水來，會被木石壓死。
(4)、辰方水來，是刑戮水，主遭盜賊殺傷殺死。
(5)、辰方水來，也代表會患很久都治不好的病，或兔唇、喑啞、耳聾。
(6)、巳水來，男人風流好色，喜歡流連於花街柳巷。

六、地刑位：離卦（南方），又是先天位，故不可流破。

（一）、離為乾卦之地刑位，又是先天位。
（二）、有水流出去，又長又遠者，會因妻子過世而又再婚，也會有筋骨酸痛的病症。
（三）、有樹木，代表家中女人體弱多病。
（四）、有樹木高聳，女性會患頭痛，頭暈。
（五）、有屋角尖銳，主出血，婦人的肚邊會受刀傷。
（六）、有門開動，會沖煞婦女使其身體欠安。
（七）、有水池、石臼、井、欄杆，會患胃病。

（八）、若在午方，不但會得胃病，還會發生意外事故。

七、天劫位：震卦（東方）。

（一）、震為乾卦之天劫位。

1、有樹木，會患咳嗽的病症。

2、有樹木高聳者，會患頭痛、腎臟方面的病症。

3、有母樹者，主陰症之病。

4、有屋角、門、路、井、欄杆、石頭尖角尺餘高者，也會導致出血。

5、地支方卯山有丁字路而無遮掩者，主惡死，血光之災也。

6、有水來，也代表會得癆傷。

7、有質地軟而細小的尖角來沖射者，會生病。

8、有水出，主平安。

9、巷道有風強烈而銳利地吹來，堂前又有陰木，代表陰氣病。

10、有屋高角銳或樹木高聳，代表頭部有疾。

11、有樹，且地曜寅方有孤木，就會出現精神異常，有幻覺妄想症之人。

12、有尖角，高度相當於胃部者，主胃病。且尖銳者，則胃出血。

13、在外局，有樹木角射，可能會得肝病。

(二)、甲山：

1、樹木橫出的枝幹下方，有小屋或廁所，則會遭意外橫死而不得善終。

2、有丁字路沖射，主惡死。

3、有自縊樹，代表有人自縊也；又甲水來，叫做自縊水。

4、有丁字路貫入者，又有斜角迫入者，會被木、石壓，或癆傷見血光。

5、有母樹，則母親的腳部有疾而行動不方便。

6、有物體如同一隻伸出的手臂，主其家出盜賊。

7、有蛇腰，如牽牛索，主被賊偷。

(三)、卯、午二方若有自縊局或惡死局，年輕人容易上吊自殺。

1、震水來，而歸離卦去，叫做破先天，大損人丁，會夭折，又叫做忤逆水，家庭失和，兄弟反目。又是消亡敗絕水，主大凶，故久後沒有後代。

2、甲水來，會有人上吊而死、或木石壓亡。甲水來，也會有瘋跛、殘疾、駝背等症。甲方有路來，則不得善終。

3、卯水來，而午方又有水來，會出現精神異常，有幻覺妄想的人。卯水來，年輕女性上吊而死，卯午二方水同來，要小心有人上吊，午水來，則上吊的是男性。

4、卯方之水又叫做瘟水。

八、輔卦位：坎卦(北方)。

（一）、坎為乾卦之輔卦位，輔卦者，輔助乾卦之意也。

1、輔卦失力，等於失去貴人之助力，如生病，則求醫無效之意。

2、輔卦有力而護我者，則得貴人幫助之力量，故問醫有貴人。

3、輔卦有氣，幫助凶星而破吉星，其力愈大則發生災禍的速度愈快。若收輔卦（坎）水來而流破先天（離）位，則有損丁或絕嗣之應。

（二）、乾卦收後天（艮）水來，而流破先天（離）位，可以旺財、旺丁。此因無輔卦（坎）水之助破，故破先天的力量不夠，則反助其旺丁、旺財。

（三）、若輔卦之水朝來，不破先後天，且出正竅，則輔卦助全卦之力。

1、有氣之輔卦水來，主興旺、吉慶。

2、無氣之輔卦水來，主生病、服藥。

九、庫位：艮卦（東北方）。

（一）、艮卦為乾卦之庫位。艮山有池塘、埤堀、深潭、大湖、大堀，若愈大則財庫愈多矣！

1、若庫池水朝堂，則為大富之地。

2、若庫池水不朝堂，去而不聚則為虛華之地也。

（二）、庫池須注意者：

1、堂前要有路為庫帶，方佳。

2、堂前：

(1)、若無庫帶，即無路為欄。

(2)、或路在庫池之後，為漏庫，謂之倒吊庫。

十、坐山：乾卦（西北方）。

（一）、坐乾山，會比較有大男人主義，因乾為父。

（二）、坐戌山辰向，收丑未水來過堂，則家中會有脾氣怪異，不容易相處之人。

（三）、左青龍代表大房，若被流破則會再婚。

（四）、右白虎代表小房，若被流破會導致丈夫或兒子的傷害或死亡。

十一、正曜：先天位（南方）、地刑位（南方）、正曜（午方）。

（一）、午方：

1、水池、石臼、井、欄杆，則不但會得胃病，還會發生意外事故。

2、有丁字路，主惡死。

3、有孤木，就會出現精神異常，有幻覺妄想症之人。

4、如果樹木橫出的枝幹下方，有小屋，則有人會上吊自殺。
5、開門，會遭傷害及患有頭風症。
6、反弓，代表叛逆。
（二）、辰午有物如犯人身上的刑具，代表會有牢獄之災。
（三）、卯午二方，有自縊局或惡死局，年輕人容易上吊自殺。

十二、天曜（亥方）。

（一）、有孤木，地曜（寅方）亦有孤木，則會出現精神異常，有幻覺妄想症之人。
（二）、不宜有丁字路，易導致惡死也。
（三）、天曜方，雖然有形煞之物，但是不明顯，還是將它去除清淨比較好。

十三、地曜（寅方）。

（一）、有樹木或小土堆高起者，易失記憶力，而且也容易頭昏。
（二）、地曜有孤木來應，天曜（亥方）亦有孤木來應者，則會出現精神異常，有幻覺妄想症之人。

（三）、有丁字路，主惡死之局。

（四）、有孤木，其橫出的枝幹下有小屋或雞舍，主惡死之局也。

以上範例之所有診斷內容均從吉祥坊易經開運中心所研發的乾坤國寶軟體所列印出來，現代人找老師看陽宅，如果能得到一本完整的勘宅規劃書，相信這種客戶服務鐵定是會得到好評的，如果您需要這套軟體請來電。

本陽宅系列的書共有五本：

（一）學會八宅明鏡，這本最簡單

（二）學會三元玄空，這本最好用

（三）學會乾坤國寶，這本最容易

（四）學會紫白飛星，這本最好學

（五）學會各派羅盤，這本最正確

購買本書所贈送的乾坤國寶應用軟體安裝說明

安裝前一定要將防毒軟體暫時關閉，將光碟片放入光碟槽中，會自動安裝或直接按光碟機中的setup鈕就可進行安裝。

以下所有功能均可使用預覽，但不能列印，且只能使用一個月，一個月後即不能使用（如果要永久使用及列印所有功能就必須購買專業版，意洽：（04-24521393）吉祥坊。

陽宅學論斷系統
乾坤國寶龍門八大局陽宅診斷與制煞
八字命盤
紫微命盤
安神二十四方位吉凶
吉祥羅盤介紹
陽宅診斷規劃書
各項開運制煞
館號修改
派別選擇設定作業
客戶資料備份
封面列印
離開
註冊號碼：3Y74-42UI

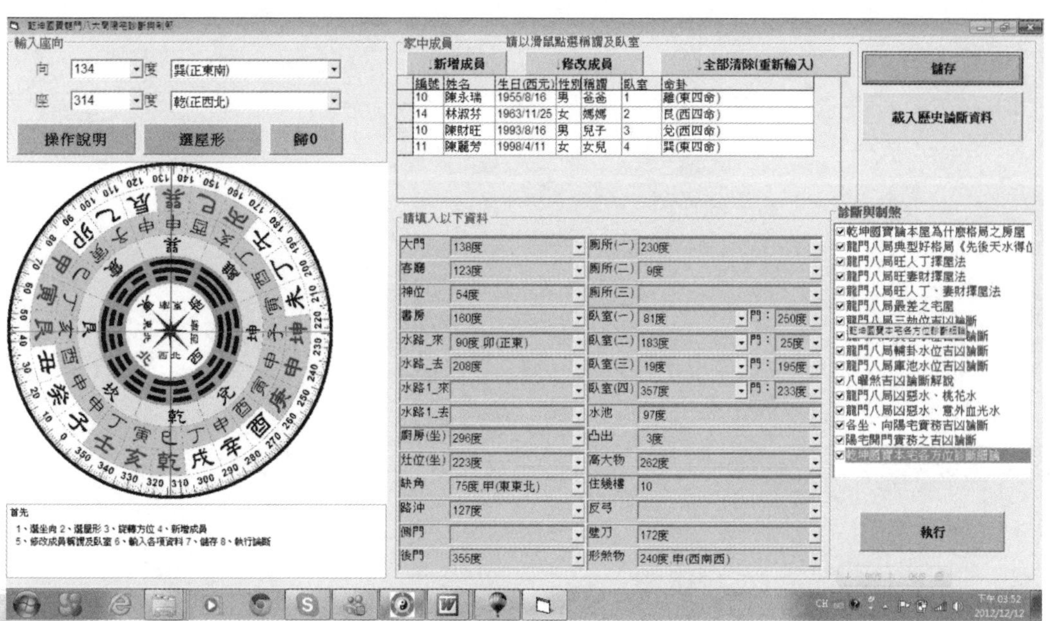
輸入座向
向 134 度 巽(正東南)
坐 314 度 乾(正西北)
操作說明
選屋形
歸0
家中成員
請以滑鼠點選稱謂及臥室
新增成員
修改成員
全部清除(重新輸入)
儲存
載入歷史論斷資料
編號 姓名 生日(西元) 性別 稱謂 臥室 命卦
10 陳永瑞 1955/8/16 男 爸爸 1 離(東四命)
14 林淑芬 1963/11/25 女 媽媽 2 艮(西四命)
10 陳財旺 1993/8/16 男 兒子 3 兌(西四命)
11 陳麗芳 1998/4/11 女 女兒 4 巽(東四命)
請填入以下資料
大門 138度
客廳 123度
神位 54度
書房 180度
水路_來 90度 卯(正東)
水路_去 208度
水路1_來
水路1_去
廚房(坐) 296度
灶位(坐) 223度
缺角 75度 甲(東東北)
路沖 127度
側門
後門 355度
廁所(一) 230度
廁所(二) 9度
廁所(三)
臥室(一) 81度 門：250度
臥室(二) 183度 門：25度
臥室(三) 19度 門：195度
臥室(四) 357度 門：233度
水池 97度
凸出 3度
高大物 262度
住幾樓 10
反弓
壁刀 172度
形煞物 240度 申(西南西)
診斷與制煞
乾坤國寶論本屋為什麼格局之房屋
龍門八局典型好格局《先後天水傳
龍門八局旺人丁擇屋法
龍門八局旺妻財擇屋法
龍門八局旺人丁、妻財擇屋法
龍門八局最差之宅屋
龍門八局輔卦水位吉凶論斷
龍門八局庫池水位吉凶論斷
八曜煞吉凶論斷解說
龍門八局凶惡水、桃花水
龍門八局凶惡水、意外血光水
各坐、向陽宅實務吉凶論斷
陽宅開門實務之吉凶論斷
乾坤國寶本宅各方位診斷細論
執行
首先
1、選坐向 2、選屋形 3、旋轉方位 4、新增成員
5、修改成員稱謂及臥室 6、輸入各項資料 7、儲存 8、執行論斷

八字命盤列印

紫微命盤列印

安神二十四方位吉凶解說

吉祥羅盤介紹

各項開運制煞物品解說

陽宅診斷規劃書列印

龍門八局典型好格局《先後天水得位局》

龍門八局旺人丁擇屋法

龍門八局旺妻財擇屋法

龍門八局旺人丁、妻財擇屋法

龍門八局最差之宅屋

龍門八局三劫位吉凶論斷

龍門八局賓客水位吉凶論斷

龍門八局輔卦水位吉凶論斷

龍門八局庫池水位吉凶論斷

龍門八局八曜煞吉凶論斷解說

龍門八局凶惡水、意外血光水

龍門八局凶惡水、桃花水

各坐、向陽宅實務吉凶論斷

陽宅開門實務之吉凶論斷

綜合各派對不孕症之布局解說

乾坤國寶本宅各方位診斷細論

乾坤國寶各座向水法布局法解說

專業版軟體只要輸入坐向及各方位角度，軟體就可詳細列出各方位吉凶及如何開運制煞。如購買本書讀者，購買專業版軟體一律九折優惠。

吉謙坊命理開運中心服務項目

一、綜合姓名、面相、陰陽宅、八字命理諮詢	2,000元
二、綜合姓名學命書一本	1,200元
三、八字流年命書一本	1,800元
四、奇門遁甲求財、考試、旅遊、合夥、婚姻、購屋、訴訟、盜賊、疾病等等吉凶用事方位	1,200元
五、逢凶化吉，趨吉避凶轉運金牌（附八字流年命書）	5,000元
六、命名、改名（附八字流年命書，改名上表疏文）	3,600元
七、公司命名（附八字流年命書）	5,000元
八、擇日、起攢（撿骨）、火化、進塔	6,000元起
九、一般開市、搬家、動土擇日（附八字流年命書）	2,000元
十、嫁娶合婚擇日（附新郎、新娘八字流年命書）	3,600元
十一、剖腹生產擇日（必須醫生證明需要剖腹生產）	3,600元
十二、陽宅鑑定	6,000元
十三、陽宅規劃布局（附男、女八字流年命書）	16,000元起
十四、入宅安香、安神、安公媽	10,000元起
十五、開運印鑑（附八字流年命書）（紅壇木、琥珀、赤牛角等，印鑑擇日開光）	9,000元
十六、開運名片（附八字流年命書，名片擇日開光）	3,600元
十七、數字論吉凶（找尋最適合自己的幸運數字，包括先天與後天數字）	500元
十八、專題講座、喪禮服務、前世今生	電洽或面洽

十九、生基造福（此地產權與使用權清楚，達到催官、增壽、進祿、招財、保命、啟智之效，請參考 www.3478.com.tw）	電洽或面洽
二十、各類開運化煞物品（請參考 www.3478.com.tw）	電洽或面洽
廿一、賣屋動竅妙、訴訟必勝法、無法入睡、收驚尋人、考試投標助運等	電洽或面洽
廿二、八字（初中高階）、姓名學（多學派）、陰陽宅（多學派）、開運名片、開運印鑑、面相、擇日教學、安神公媽、避煞制煞妙法、國家丙級技術士禮儀師考證	電洽或面洽

服務處：高雄市茄萣區茄萣路二段187號

電話：07-6922600　李羽宸老師行動：0930-867707

網址：http://www.3478.com.tw　E-mail:chominli@yahoo.com.tw

網址：http://3478.kk131.com

感謝各位讀者，購買本書，上網有免費線上即時論命、姓名、數字等吉凶。

吉祥坊易經開運中心服務項目

一、命理諮詢附八字詳批或紫微詳批	3,600 元
二、命名、改名（用多種學派）、附八字命書一本	3,600 元
三、一般開市、搬家、動土、擇日、附奇門遁甲擇日	1,200 元

四、嫁娶合婚擇日 附新郎、新娘八字命書一本	3,600元
五、剖腹生產擇日 附36張時辰命盤優先順序	3,600元
六、陽宅鑑定及規劃布局 附男、女主人八字命書一本	12,000元
七、開運印鑑 附八字流年命書一本	9,000元
八、吉祥印鑑	1,800元
九、開運名片附八字流年命書一本	3,600元
十、八字命理、陽宅規劃、姓名學初階班招生	電洽
十一、多種教學VCD、DVD，請上網瀏覽	電洽
十二、姓名學、八字論命、奇門遁甲、紫微斗數、擇日軟體、前世今生、八宅明鏡、紫白飛星、三元玄空、乾坤國寶、數字論吉凶、開運養生等軟體請上網瀏覽	好用軟體特價
十三、各類開運物品或制煞物品，請上網查閱	電洽

服務處：台中市西屯區西屯路二段297之8巷78號（逢甲公園旁）

電話：04-24521393　黃恆堉老師行動：0980-258768

網址：http://www.abab.com.tw　E-mail:w257@yahoo.com.tw

網址：http://www.131.com.tw　E-mail:abab257@yahoo.com.tw

國家圖書館出版品預行編目資料

學會乾坤國寶,這本最容易／黃恆堉、李羽宸著.
－－第一版－－臺北市：知青頻道出版；
紅螞蟻圖書發行，2014.6
面 ； 公分. ——（Easy Quick；137)
ISBN 978-986-5699-14-7（平裝附影音光碟）

1.堪輿

294　　　　　　　　　　　　103007695

Easy Quick 137

學會乾坤國寶，這本最容易

作　　者／黃恆堉、李羽宸
發 行 人／賴秀珍
總 編 輯／何南輝
校　　對／吳育禎、黃恆堉、李羽宸
美術構成／Chris' office
出　　版／知青頻道出版有限公司
發　　行／紅螞蟻圖書有限公司
地　　址／台北市內湖區舊宗路二段121巷19號（紅螞蟻資訊大樓）
網　　站／www.e-redant.com
郵撥帳號／1604621-1　紅螞蟻圖書有限公司
電　　話／(02)2795-3656（代表號）
傳　　真／(02)2795-4100
登 記 證／局版北市業字第796號
法律顧問／許晏賓律師
印 刷 廠／卡樂彩色製版印刷有限公司
出版日期／2014年 6月　第一版第一刷

定價 300 元　港幣 100 元

ISBN 978-986-5699-14-7　　　　Printed in Taiwan